JN284051

ビジネスで使える

超一流 おもてなしの 心・技・体

里岡美津奈

471

Asahi Shinsho

朝日新書
Asahi Shinsho 471

ビジネスで使える

超一流　おもてなしの心・技・体

里岡美津奈

朝日新聞出版

はじめに

みなさん、こんにちは。里岡美津奈《さとおかみつな》です。

私は二〇一〇年までの二十五年間、ＡＮＡ（全日空）でキャビンアテンダント（ＣＡ＝客室乗務員）を務めました。

私がＡＮＡに入社した一九八六年ごろは、飛行機はまだ特別な乗り物でした。お客さまには、経済的に豊かな紳士淑女が多く、サービスをする私たちにも、高いスキルや知識が期待されていました。

たとえば、「○○の町に行くのですが、おいしいレストランを知っていますか？」と聞かれたときに、「知りません」と答えたのではサービスになりません。やはりそれなりのところを知っておかなければいけませんし、自分で体験していないものをおすすめすることはできませんから、自然に、質のよいお店を探して行くようにしていました。

最近はいろいろな情報が簡単に手に入るようになりましたから、CAにレストラン情報を尋ねる方もめっきり少なくなりました。また、そういう質問があった時でも、高級なレストランではなく、気兼ねなく飲食できるリーズナブルな居酒屋の情報を聞かれることが多くなってきたように思います。

時代は変わりましたし、価値観も変わりました。

今でも、居住空間としての快適性を求めて、ファーストクラスやビジネスクラスを利用されるお客さまはもちろんいらっしゃいます。そのようなお客さまはCAのサービスへの期待値も高いでしょう。また、ビジネスではコミューター（地域航空会社）、バカンスの時はANAやJAL（日本航空）のようなメガキャリア、というように使い分けるお客さまもいらっしゃいます。

格安エアラインから、メガキャリアのファーストクラスまで、お客さまの選択肢が広がったのに合わせてCAが対応しなければならない範囲も広がっています。けれども、エコノミークラスでもファーストクラスでも、「その人が欲しがっているものを、もっともふさわしいタイミングで提供できる」のがサービスの基本です。

お客さまの出す、わずかな「サイン」から見つける、最小限のコミュニケーションから探り当てる、それが実践できれば、接遇の基本は変わらないと私は思っています。

おもてなしの心がわかっていれば、時代の変化を恐れる必要はないのです。

「おもてなし」とひらがなで書くと、とてもやわらかい印象があります。

これを「接遇」と言い換えたとたんに、背筋がすっと伸びるような、緊張感のある言葉に変わります。

私にとっては、この緊張感こそが「おもてなしの心」の核心です。

緊張感を、心の張り、と言ってもいいかもしれません。

やわらかさやしなやかさを裏側で支えるものが、張りです。

張りがなければ、ものごとはかたちを成しません。けれども、張りつめすぎれば、切れたり、折れたりしてしまいます。

ゆるみなく、ぴんと張った心理状態を維持すること。

ただそれだけのことが、しかし、なんと難しいことでしょうか。

私は、ＡＮＡのトップＶＩＰ担当の客室乗務員として、十五年間、天皇皇后両陛下をはじめとする皇室の方々や、各国の政府首脳が搭乗するフライトを担当しましたが、緊張することはありませんでした。

もちろん失敗は許されませんし、一般のフライトとは違う手順が必要になるため、より注意深くはなりますが、いわゆる「あがる」ことはなかったのです。

もともとそのような気質が見られたからこそ、会社は私をトップVIP担当メンバーに選んだのだとも言えますが、私自身、いつ、どんなときでも中庸でいられることは、やはり接遇者の最大の強みだと思っています。

繰り返しましょう。超一流の接遇とは、短い時間の中でも、大勢のお客さま一人ひとりに対して、その方が必要とするサービスを、もっとも適切なタイミングで提供、提案できることです。

人は、褒《ほ》められれば浮かれますし、けなされれば落ち込みます。けれど、それらに一喜一憂して、おもてなしのクオリティーまで左右されてしまうようでは、プロの接遇者とは言えません。つねに安定したクオリティーでおもてなしを提供できてこそ、真のプロと言えるのですから。

では、感情に乱されないように、と心を固くして、ロボットのように決まり切った応対をすればいいのかといえば、そんなことはありません。そもそも心がこもっていなければおもてなしとは言えませんし、心が固くなっていると、周囲の人が発するさまざまなサインを敏感にキャッチすることができません。感性のアンテナを磨いて、心を柔軟な状態に保っておくことも必要です。

やわらかく、張りのある心の状態を、つねに（これが重要です）保っておくこと。それが、接遇者に望まれるマインドだと私は考えています。

さらに、「一流」の接遇者であるためには、マインドだけでなく、心・技・体、すべてが高いレベルでバランスがとれていなくてはなりません。もちろん自分が完璧にできているとは思っていません。けれど、ＣＡとして長年、たいへん多くのお客さまに接し、さまざまなことを経験する中で私なりに考え、実践してつかんだ、たしかな手応えのようなものはあります。それをできるだけ具体的にひもといてみたいと思います。

ビジネスで使える　超一流　おもてなしの心・技・体　目次

はじめに　3

第1部　おもてなしの心　15

1.「おもてなし」の精神はビジネスシーンでこそ生きる　17

段取りどおりには進まない
接遇は一期一会
キャリア志向ではなく
新人でもできること
変わる勇気をもつ
間近で接した皇室の方々
印象に残りやすいタイプ
先輩から知恵をもらう

さりげなさという価値観
「ノー」と言えるようになる
人材をストックする
きちんとした評価でモチベーションアップ
世の中とのイメージギャップ
マインドの違いがわかれば一人前
適度なところで引くさじ加減
苦言も愛あればこそ
【コラム1】航空業界の変遷と海外旅行ブーム　*50*

2. 家庭でまかれたおもてなしの心の種　*53*

教育のたまもの
花嫁修業からスチュワーデスへ
主張する子どもに変身

居場所がある安心感
【コラム2】私の好きなエアライン 63

第2部 おもてなしの技 67

1. ビジネスで使える知っておきたい究極の技 69

実践で養われたスタイル
「弱」から入るのが鉄則
後手の対応は傷口を広げる
気負わない、構えない、おびえない
経験は「引き出し」になる
プロファイルのスキル
あいづち上手になる
余計な自意識は捨てる
引き算の発想

自分自身を「ブランド」に
自分なりのメモをつくる
まんべんなく目を配る
気をつけたい謝罪のことば
物理的な満足と心理的な満足
【コラム3】 習慣の違いと挨拶 105

2. ハイブリッドなおもてなしでプライベートも洗練度アップ 109

日本流、西洋流をブレンド
人を楽しませるユーモアと知恵
四季折々のしつらい
日常から離れられる場所をもつ
プレゼン上手はもてなし上手
寄り道がはぐくむ感性

夫婦関係を修復する「ありがとう」
男女の心理のちがい
私が受けた理想のおもてなし
もてなされ上手になる
【コラム4】贈り物上手になる 133

第3部 おもてなしの体 135

1. 姿勢を伸ばし、お腹から発声
「なりたい自分」をイメージする 137
「パーソナルクオリティー」を高める
第一印象は二度ない
全身でメッセージを届ける
いつも清潔で、ぱりっと
髪型に表れる「できる人」
私の「三種の神器」

「しょうがない」は禁句
手を味方につける
熱意の伝わる声と話し方
笑顔のマネジメント
【コラム5】あなたにとっての三種の神器は？ 163

2. メンテナンスの基本は
自分なりのルーティンをつくること 165
つねに平常心のコツ
イチロー選手の言葉
八〇パーセント以上をキープ
生活のリズムを整える
二十年来のルーティン
ムダなことはない
ジョージ・クルーニーに会える？

リスクは最小限に抑える
心地よいから続けられる
「自分が好きな自分」に近づく
【コラム6】ブライダル業界でも始まる意識改革　191
おわりに　193

第1部

おもてなしの心

1.「おもてなし」の精神はビジネスシーンでこそ生きる

段取りどおりには進まない

最近は、レストランやホテルのような「企業から一般消費者へ」(B to C＝Business to Consumer) の接客サービスを提供する企業だけでなく、「企業間」(B to B＝Business to Business) のさまざまな場面でも接遇が強く意識されるようになりました。さらに、地方自治体など公共サービスの担い手にも、「接遇マニュアル」を作成するところが増えています。

「おもてなし」や「接遇」によく似た言葉に、「接待」があります。

接待も客人をもてなすことを表します。

四国では、お遍路さんに茶や菓子をふるまうことを「お接待」と言うように、古くから、自然な気持ちの発露として、分け隔てなく人をもてなすことを指して使われてきた言葉です。けれども、ビジネスの場面で使われることが多くなった現在では、接待というと、取引先やクライアントに飲食や遊興を提供する、というイメージがもたれるようになったと思います。

接待といって真っ先に私の頭に浮かぶのは、以前、ある場所でご一緒した商社員の男性のことです。

彼はその日の夜にセットされていた接待のことが頭から離れないようで、何時間も前から、席順は大丈夫か、料理は間違いなく手配されるか、お出迎えには誰をあてるか……と気もそぞろ。中座しては、部下と電話連絡をしていました。

男性はまじめですから、接待も、完璧に遂行しなければならない「業務」になってしまうのですね。その接待の成功にビッグプロジェクトの受注契約がかかっているとすれば、無理もないことかもしれません。けれども、サービスは準備しすぎると、わざとらしくなってしまうものです。それに、きっちりと段取りを組みすぎてしまうと、一つでもその通りにいかなくなった途端にもうダメです。

あの人はそっちの席じゃないのに……

このお店にお連れするはずだったのに……

道路が混んでタクシーが遅れている……

予想外のことが起きるたびに、だんだん表情が引きつりパニック状態に。

だいたい人間というものは、段取り通りには動いてくれないものです。事前に打ち合わせをしていたってそうはいかないのですから。

接待成功の鍵は、綿密にプランをつくりこまないこと。

それが私からのアドバイスです。

なによりも、男性のおもてなしは、はたから見ていてもつらそうなことが多々あります。おもてなしをする側がへとへとに疲れきってしまって、まったく楽しんでいない。これではもてなそうという気持ちが最後まで続かないのも当たり前です。

分刻みのスケジュールにするのではなく、大枠の時間と予算をがっちりと押さえたら、あとはフレキシブルにできる余地を残しておくのです。それに、どこへ行っても完璧に準備されていては、相手も窮屈に感じてしまい、かえって気を遣わせてしまうかもしれません。多少予定にないことが起こっても、一緒に楽しんでいただく雰囲気をつくれたら成功です。

「自分も一緒に楽しむ」という気持ちを、ぜひ持ってみてください。

接遇は一期一会

私は現在、パーソナルクオリティーコンサルタントとして、接遇者の能力開発や人財育成支援を行っています。パーソナルクオリティーとは、「その人自身の価値」という意味です。

ANAに勤務していた時代にも、接遇マナーの講師として、企業のほか、全国各地の市町村や教育委員会などに派遣されることがありました。接遇のプロフェッショナルとして、経験や心構えをお話しするのです。

そのようなときにいただく質問の中に、とても答えにくい質問が一つあります。

それは、「よい接遇のコツを教えてください」というものです。

一見ごく当たり前の質問に見えますが、いちばん大事な情報が抜けています。それは、「誰に対する接遇か」ということです。

それほど特別なおもてなしでなかった場合でも、こちらが思う以上に喜ばれることがあります。一方で、同じように接してお叱りを受けることもあります。たとえば、「お客さまお一人お一人を尊重してコミュニケーションをとるために、お名前で呼びかけましょう」ということがありました。お名前でお呼びかけしたことに、にっこりと笑顔を返してくださるお客さまがいる一方で、気分を害されるお客さまもいらっしゃいます。なぜなら、お名前というのは「プライバシー」だからです。

お客さまはどのような人か、どのようなシチュエーションで飛行機をご利用されているのか（ビジネスかプライベートか）によって、どんな声をかけるべきか、切り出すタイミングはいつかなど、ふさわしい接遇はそのたびごとに異なるのです。

接遇は一期一会なのです。

「接遇のコツ」をお尋ねになる人は、たいてい、なにか気の利いた、ちょっとしたテクニックのようなものを期待されているのかもしれません。しかし、「これさえ覚えておけば大丈夫」というコツはありません。接遇に万能レシピはないのです。

じつは、CAの仕事は、保安・接遇・セールスの三つから成り立っていて、研修でもっとも時間を割くのは、保安にかかわる部分です。

CAはまず第一に、飛行機を安全に運航させるための保安要員なのです。国内線・国際線それぞれに乗務資格をとらなければなりませんし、飛行機の機種ごとにも乗務資格は異なります。何冊もの分厚いマニュアルに、何度も何度も目を通します。また、すべてのCAは一年に一度、緊急・保安リカレント訓練を受けなければなりません。

飛行機の安全な運航とお客さまのご要望が相反するときは、運航の安全を優先します。この場合の接遇は、いかに気持ちよくお客さまに納得していただくかということになりますが、人の気持ちにどう対応するかは、どんなにマニュアルをめくっても、答えが載っているわけではありません。ごそごそとマニュアルを取り出しているうちに、お客さまはあきれてしまうことでしょう。

よい接遇者は、マニュアルが通用しない場面で、お客さまの気持ちを的確にくみ取って、機転を利かせる力を持っています。そして、そのような接遇の基礎体力をつけるには、日頃からいかに多くの人とコミュニケーションをとるか、ということにつきると思います。

キャリア志向ではなく

私がCAとしてANAに入社したのは一九八六年です。

当時は「スチュワーデス」と呼ばれていましたが、入社してまもなく、「キャビンアテンダント」(CA)に呼称が変更になりました。ですから、スチュワーデスとして入社した最後の世代です。

まだ当時は女性が活躍できる仕事はそれほど多くはなく、スチュワーデスは女性の憧れの職業の一つでした。そのころのＡＮＡのスチュワーデス採用試験には、数千人の応募があり、採用されたのは三百人ほどだったと思います。

入社すると、新人ＣＡは約三十人ごとのグループ（「期」といいます）に分けられます。訓練には「モックアップ」と呼ばれる機内模型を使うのですが、その中で一度に訓練を受けられる人数が最大で三十人ほどです。厳しい訓練をともにするその三十人は文字どおり〝同期〟となります。

私がいた一八〇期では、今も二人が現役でＣＡを続けています。

そして、二〇一〇年に退職した私は、ＡＮＡの中でも、三番目に長く搭乗したＣＡになりました。けれども、私がそうなるとは、同期の誰一人として思っていなかったと思います。

私はいわゆるキャリア志向ではありませんでした。「なにがなんでもスチュワーデスになりたい！」と思っていたわけではなく、親友が受験すると聞いて「それなら私も」と思い立ったのが応募のきっかけです。ＣＡになったあとも、結婚したら仕事はやめるものと思っていましたし、実際、入社当初は機長の紹介でお見合いもしました。ほのぼのとした良い時代でした。

高校生のころから海外文化への関心は人一倍あり、短期留学して英会話はすでにある程度マスターしていましたが、スチュワーデスの仕事は、両親の反対で「国内線だけ」という条件つきでしたので、世界を飛び回る華やかな仕事というイメージを追いかけていたわけでもありませんでした。それに当時、国際定期便の運航を許可されていたのはJALだけで、ANAは国内線と一部の国際線チャーター便のみを運航する会社だったのです。ANAが国際線の運航を開始するのは、ちょうど私が入社した一九八六年三月、成田―グアム線からです。

新人でもできること

そんな私でしたが、職務を忠実にこなすことには、新人のときから一生懸命でした。自慢できることがあるとすれば、二十五年間で、風邪やケガなど急な体調不良でフライトを休んだことがほとんどないということです。

国内線のCAは、一日に二便から四便、平均して三便ほどに乗務します。羽田ベース

（客室部＝当時）所属であれば、たとえば、羽田から大分、大分から羽田に帰り秋田へ、秋田で宿泊して翌日沖縄、となります。宿泊をともなうときもあれば、日帰りのときもあります。

当時の国内線の勤務シフトは、四勤二休が基本です。そのほかに、所属している班のミーティングや、スタンバイといって、体調不良などでCAに欠勤が出たときに交代できるように空港で待機する日など、飛行機に乗務しない勤務日が月に二日〜三日あります。

生活はどうしても不規則になりますし、若いCAでも一日が終わるとへとへとになります。人間ですから体調を崩すことがあってもしかたがないかもしれません。そのためにスタンバイも設けているわけですが、私はどうしても自分のフライトを休みたくありませんでした。

勤務が終わったあとは、同僚とごはんを食べに行ったりせず、まっすぐに自宅や宿泊先のホテルに帰り、ゆっくりお風呂に入って早めに就寝。脚のマッサージも日課でした。意識して体を休ませることに努めていました（そのために付き合いが悪いと思われて、あるできごとが起こるのですが、それはのちほどお話しするとしましょう）。

万全の体調でフライトを迎えること。

それはどんな新人でもできることだと考えたのです。

私なりのスタイルというのは、その一日一日の積み重ねにほかなりません。「接遇者としての私」を築いていくのには時間がかかります。そのときどきの自分の立場やレベルに応じて、すべきこと、できることを、確実に、ミスなく行うこと。それがプロの接遇者にもっとも大切なことだと私は思っています。

変わる勇気をもつ

私の場合は、仕事上、外国からのお客さまとのコミュニケーションが多いことが、対応の幅を広げることにとても役立ちました。マナーや習慣の違いを学んだこともちろんですが、同じものごとでも、多様なアプローチのしかたがあるということを、知ることができたからです。

たとえば、私は映画を観ることが好きなのですが、映画の話をするとき、日本人は俳優の話をするけれど、欧米人は脚本や監督で作品を語るというように、同じ題材でも、アプローチが違うということがあります。また、日本人同士ではあまりディスカッションしないような文化的・社会的なテーマが話題に上ることもたびたびあります。

人種や国籍、文化の違いを超えた、さまざまな人とのコミュニケーションによって、今の私のスタイルや習慣、パーソナルクオリティーが築かれてきたのです。ノウハウやハウツーでつくられたものは一つもありません。

自分とは違うカルチャーを持っている人たちと会話をすることは、とても大切です。違うカルチャーといっても、海外の文化に限りません。たとえば、ふだんほとんど社内の人としか話さないなら、積極的に社外の人とコミュニケーションをとるようにする。あるいは、新しい趣味を見つける、習い事をはじめるなど、仕事以外で人と出会う機会を求めていくのもよいかもしれません。

自分を変えたい、変えるきっかけが欲しいと思っている人であれば、通勤電車を一つ手前の駅で降りて歩いてみる、新しいカフェがあれば一人で入ってみるなど、ちょっとした変化をつけてみるのもはじめの一歩になるかもしれません。

ただ、私の本音を言えば、「少しずつ徐々に変えていく」というのはじつは効率が悪い、というより、もしかすると本気で変わろうと心の底から思っているわけではないのかしら、ということです。「まわりになんと言われようが変わるんだ!」という勇気を持たない限り、人生は同じように続いていくのではないでしょうか。人は何かのきっかけで、雷に打たれたように急に変わるものだと私自身は思っています。旧知の友人からは「それはあなた、極論でしょう」と言われたりもしますけれど。

私が変わるきっかけ、それは、自分がそれまでいたのとはまったく違う国の文化に触れたことでした。自分にとってのきっかけは何か、それをいかにつかむか。そんなチャンスはあなたのすぐそばにあるかもしれません。それに気づくことが大切なのだと思います。

自分がいる世界から一歩踏み出してみること。それには少し勇気がいるかもしれません。でもそのような経験の積み重ねが、はじめて出合う場面でも、「いま自分が接遇しているのはだれ（どんな人）なのか」を考えて応対できる冷静さにつながります。

遠回りのようですが、小手先のテクニックではなく、応用可能なコミュニケーションの基礎体力をつけることが、よい接遇者への第一歩なのです。

間近で接した皇室の方々

CAを務めて九年目のとき、トップVIP担当客室乗務員の養成制度が発足し、私はその第一期メンバーに選ばれました。

VIPフライトはひと月に一、二便入っていました。勤務スケジュールを見ると、通常の定期便フライトにまじって「V」の文字がついているものがあり、その日はVIPフライトなのだなとわかります。

天皇皇后両陛下がご搭乗されるフライトは年に三回から六回ほどでした。トータルすると、両陛下のフライトだけでもゆうに五十回以上務めさせていただいたことになります。

トップVIP担当は、ときおり入れ替わりがありましたが、常時三人から五人ほどでした。私は退職するまでの十五年間、皇室の方々、首相、各国政府首脳、国賓といったVIPを接遇する機会をいただいたのです。

養成制度のメンバーに選ばれると、そのための研修・訓練を受けます。

皇室の方々のフライトを担当する場合で言うと、皇室独特の用語、称号と敬称をまずマスターします。たとえばお出ましにかんする用語一つとっても、天皇陛下お一人の場合は行幸《ぎょうこう》、天皇・皇后両陛下がご一緒に外出されることを行幸啓《ぎょうこうけい》と言うなど、しっかりと頭に入れておかなければなりません。侍従長や女官長など、天皇にお仕えするみなさまの役職もすべて覚えますし、皇室の歴史や、儀式・行事にかんすることも学びます。

お二人のすばらしいお人柄に触れたことは数知れませんが、私にとっては、皇后陛下のお声がとても印象に残っています。

往復のフライトの帰りの飛行機に乗られると、皇后陛下は「ただいま」とお声をかけてくださいました。温かみのあるその一言だけで、その場の空気がふわりとほぐれていくようでした。おそらく、私たちの緊張を感じとられたのでしょう。まわりのすべての人たちに対して、そのような細やかな心配りをつねにされているのです。私はそのようなお二人のお姿に触れるたびに、いつも感激し、感謝していました。

印象に残りやすいタイプ

接遇はストイックなばかりではありません。

私が尊敬する先輩の一人は、華やかなオーラをまとった方でした。

その方、清水久代さんも、VIP担当客室乗務員養成制度の一期生でした。私より十歳年上で、もともとは大阪ベースに所属されており、国際線の運航開始で成田ベースができてから成田に異動されました。私は羽田所属でしたので一度も同じベースにはならなかったのですが、VIP担当の訓練を一緒に受けることになりました。

九〇年代は、VIP担当制度以外にも、接遇マナー講師やコンピテンシー・モデル（模範となる行動モデル）など、ANAがさまざまな新しい取り組みを導入した時期で、フライト以外に何か新しいことがはじまるというときには必ず、清水さんと私がそれぞれ成田代表と羽田代表として呼ばれるという具合でしたから、いろいろなところで顔を合わせる間柄でした。

後輩の私が評するのはおかしいのですが、知的で、明るくて、機転がきいて、本当に尊敬できる先輩です。身につけるものも、明るい色やキラキラと光るものがお好きで、アニマル柄のお洋服もよく着ていらっしゃいました。ご自身でも「私は歩くワシントン条約（野生動物を保護する取り決め）だから」と冗談をおっしゃるくらい楽しい方です。

サービスのスタイルも、「気づいたら心地よく過ごせていた」と思っていただくことを目指した控えめなスタイルが私流というならば、華やかな楽しい雰囲気で積極的に演出するのが清水さん流だったと思います。

そして彼女には、すべてにハートがありました。彼女からネガティブな言葉など一度も聞いたことがありません。本当にすばらしい方です。

清水さんは、機内である人に「見初められた」こともあり、ANAを退社されました。

彼女を見初めた人というのは、世界中で最高級のおもてなしを提供するアマンリゾーツの会長でした。現在清水さんは、二〇一四年に日本初進出となるホテル、アマントーキョーの開業が予定されているアマングループで活躍されています。

接遇には、その人自身が否応なしに表現されます。清水さんは、ご自身が表現する接遇のスタイルにふさわしい舞台へと移られたのだと思います。

先輩から知恵をもらう

新人CAだった私に、仲間へのおもてなしの心を教えてくれたのは、ある先輩でした。

新人のころの私は、フライトが終わると疲れ切ってしまい、ステイ先のホテルに入ったらすぐに休むことがつねでした。体力的にもつらかったのですが、精神的な消耗も激しかったのだと思います。人と一緒に食事をするのも気疲れしてしまうので、CA同士の食事の誘いもできるだけ避けていました。それに、私は食べ物の好き嫌いがあり、刺身や鶏肉が食べられませんでしたから、嫌いなものを無理に食べることも苦手でした。

あるとき、同じ班の二年先輩にこう言われたのです。

「美津奈ちゃんは、なんでもそつなくこなして、立派だと思うけれど、先輩に質問したり、頼ってくることがないよね。食事会に誘っても来てくれないし。仕事とプライベートを分けるのはいいと思うけど、それで損していることも多いんじゃないかな」

ショックでした。

「やっぱり、食事に連れてってくださいとか、教えてくださいって言ってくれる後輩は、かわいいものなんだよ」

先輩はそう言って、どうして食事会にこないのか、その理由を聞いてくれました。疲れてしまうし、好き嫌いもあるから気兼ねしてしまうのだと話すと、「私が一緒のときは必ず隣に座る。美津奈ちゃんが食べられないものも食べてあげるから、行こう」と言ってくれたのです。

その気持ちに感謝して、それから仕事を終えた後の食事会にも積極的に出席するように心がけました。すると、それまでは挨拶をしてもなかなか挨拶してくれなかった先輩から声をかけられるようになったり、いろいろな先輩から具体的な助言をもらえたりするようになったのです。

私という人間をもっとわかってもらうことで、こちらも構えなくなったし、向こうも避けなくなった。先輩とのコミュニケーションがスムーズになったことで、フライト自体もうまくいくようになったのです。

そういう一つひとつが、私にとっては成果のように感じられ、喜びに変わっていきました。行けば行った分だけ、楽しいことはあるんだと思えたのです。

その先輩、植松（旧姓田原）稚恵さんとは、その後、無二の親友になりました。今でもとても親しくしています。

稚恵さんがすばらしいのは、いちばん言いづらいことを言ってくれたということです。後輩といっても年齢は変わらないのですが、私のために、本気でよかれと思って言ってくれました。厳しい言葉の中に「思いやり」という彼女の愛を感じたからこそ、私も自然に、この人がそう言うならやってみようと思うことができたのだと思います。

そのあとも、一緒にいられるときは必ずそばにいてフォローしてくれました。彼女と同じ班になったから、私はCAをずっと続けられました。たった一人、理解者がいてくれると思うだけで、自信が持てるものです。私が二十五年間、CAとして務めてこられたのは、あの時代に彼女がいてくれたからなのです。

さりげなさという価値観

稚恵さんに教わったことはほかにもたくさんあります。

羽田と地方空港の往復のフライトのときなどは、帰りの便までに少し時間があることが多いのですが、そういうときは、私たちCAもロビーに出てお買い物をすることがありました。その土地の銘菓やちょっとしたお菓子など、休憩時間にちょっとつまむものは心も体も癒してくれます。

そういうときに彼女は必ず、クルー全員分、何か買ってくるのです。黙ってギャレーに入り、紙コップなどに人数分のお菓子を分けます。

「美津奈ちゃん、これ前に持っていって」

そう言われて私がほかのクルーに渡します。これみよがしに自分で運んで行ったり、私が買ったのよとアピールしたりすることもありません。

すべてがさりげなく、心配りが行き届いているのです。

私が接遇の際に大切にしている「さりげなさ」という価値観をいちばん最初に教えてくれたのも彼女だったのです。

結婚で仕事はやめてしまいましたが、現在は歯科医のご主人のクリニックでマネージャーとして心と心で通い合う接遇を実践されています。

彼女のおもてなしのアプローチの根底にあるのは、家族を大切にする気持ちでした。彼女自身、自分の家族と仲がよかったですし、私も家族ぐるみのお付き合いをさせてもらっています。

自分のまわりの人がハッピーでなければ、自分もハッピーではない。

それは私もとても共感する部分でした。

まだ一年目、キャリアのスタートのときに彼女に出会えたことは本当に幸せでした。彼女は私の最初のお手本でした。

「ノー」と言えるようになる

よく「失敗から学ぶ」ということが言われます。

この言葉には、失敗を恐れず挑戦しよう、まずはやってみようと鼓舞する意味合いがこめられていると思いますが、接遇者にかんして、私は、「失敗する前に学ぶ」ことをおすすめしたいと思っています。大きな失敗はしないに越したことはない。

なぜなら、失敗の経験は、メンタル面でネガティブに作用することがあるからです。

とくに気持ちの切り替えが得意でないタイプの人は、大きな失敗がトラウマになって、ひきずってしまうことがあります。そうすると、フラットなマインドを保つことが難しくなります。ですから私には、「失敗を恐れるな」というよりも、「失敗は適度に恐れよう」

というほうがしっくりくるのです。

そのことに気づいたのは、尊敬するある方から言われた言葉でした。

「あなたが失敗をしないのは、できないことや、ふさわしくないことはやらないという意思がはっきりしているからだと思う」

言われてみれば、思い当たることがありました。管理職になることをずっと断っていたのもその一つです。また、乗務以外のさまざまな仕事の依頼も、もちろんできる限り引き受けて力を尽くした上ではありますが、どうしてもできないもの、ふさわしくないものは、できませんとはっきり言うようにしていました。

頼まれたことに「ノー」と言うのはなかなか難しいことです。会社員ならなおさらです。しかし、だからといってなんでもかんでも引き受けていると能力の限界、いわゆるキャパシティーオーバーになってしまい、できないとか、間に合わないといった最悪の事態を招く確率が高くなります。また、頼まれたから仕方なくとか、イヤイヤやるといった姿勢では、ミスを起こしやすくなります。

「ふさわしくないことはやらない」という言葉の意味は、自分の処理能力を超えた量の仕事や、どうしてもモチベーションが保てない依頼を断ることで、失敗の芽を未然に摘みとっているということだったのです。

失敗をしないためには、上手に断れなければいけない。けれど、反対に、嫌だからといってなんでもかんでも断ってばかりいては、単なるわがままであって、自身の能力向上にはつながらないですよね。

ポイントは、イエスにしろノーにしろ、自分の意思表示ができる状況に自分を置くということです。そのためには、「あの人が断るからにはなにか理由があるのだろう」と会社が理解を示すくらい、日頃から信頼を得ておくことが重要です。

失敗してから学ぶのではなく、失敗につながりそうなリスクを回避する努力を優先すべきなのです。

人材をストックする

「上手に断る」ための方法として、あえて心がけていたことがあります。

それは、何かを断るときは、自分以上にふさわしい人を推薦するということです。

たとえば、サービス改善のための新プロジェクトが立ち上がり、客室乗務部からも一人、代表としてＣＡが参加することになったとします。社内プロジェクトは勉強にもなりますし、他部署の人と知り合うチャンスにもなるので、できるだけ多くのCAに経験させるほうがいいのですが、どうしても決まった人のところに話が集中してしまうのです。

CAの職場は機内ですから、仕事ぶりが外からは見えづらく、上司にとっては評価するのが、ある意味難しい。そうすると、経験のある人に任せたほうが安心だということになり、「前回この人に頼んだから今回も」となりやすいのです。若い人に機会が与えられません。

私はたまたま声がかかりやすい立場にありました。けれど、「私よりももっと優秀な人はたくさんいるのに」といつも思っていました。

そこで、「里岡さん、やってくれない?」と声をかけられた時に、「それなら私よりもっと適任な人がいますよ」と、具体的に名前を挙げて推薦するようにしたのです。

どんな人を推薦するかというと、非常に優秀なのに、能力を発揮する場を十分に与えられていない人材です。もちろん、推薦されたその人が喜んで受けてくれなければ意味がありませんから、適材適所になるよう考え抜きます。

そのために日頃から一緒に仕事をするクルーの中で優秀だと思う人を見定めて、いわば「人材のストック」をするようにしていました。彼女は非常に機転が利いてお客さまに信頼されているとか、クルーをまとめるリーダーシップがあるとか、一人ひとりの持ち味をきちんと把握しておくのです。

会社も、信頼に足る現場の意見として、提案や情報をきちんと聞いてくれていたと思います。

CAの仕事の範囲を超えていると思われるかもしれませんが、自分自身の接遇力だけでなく、会社全体の接遇力をアップさせるという視点も大切だと私は考えていたのです。

きちんとした評価でモチベーションアップ

先ほどもお話ししたように、私は、ずっとフライトに乗務し続けたいと強く思っていたので、会社にお願いして管理職にはならず、二〇一〇年に退社するまで一CAとして仕事を続けさせていただきました。とても感謝していますが、現場に長く身を置いたからこそ、マネジメントに期待することはやはり出てきます。

会社が気づいていない優秀な人材を推薦していたというのも、「みなさんが見逃しているだけで、こんなに優秀な人がたくさんいるんですよ」というもどかしさを感じていたからでもありました。それはやはり、私自身がそういう経験をしたことがあるからです。

ＡＮＡに入社して数年、私はむしろあまり評価されていたわけでもなく、昇格が早いわけでもありませんでした。

そのうちに異動で所属の課が変わったのですが、あるとき、新しく配属された班の班長に、「里岡さん、お休みしていた？」と聞かれました。

ほかの人と遜色のない仕事ぶりにもかかわらず、しかるべきポジションについていないので、何か理由があるのだろうと思われたようです。「いいえ、休んでいません」と答えると、「どうしてかしらネ？」といぶかしがっていましたが、私には内心わかる気がしました。私は、当時の価値観では、いわゆる上司が評価する（好む）タイプではなかったのです。生意気だと思われていたのでしょう。

新しい班の班長は私の仕事ぶりをきちんと見て、上に報告してくれました。それ以降は順調にステップアップすることができたのですが、自分自身は変わらなくても、上司の先入観一つで、チャンスのある・なしがある、ということを、身をもって知りました。

ちゃんと見て、よいところは褒め、できていないところは指摘する。当たり前のように思いますが、きちんと評価されることが、接遇者の大きなモチベーションになります。マネジメントにあたる人たちは、ぜひ、現場をよく見てください。

ＣＡに限らず、おもてなしを仕事にしている後輩たちがのびのびと力を発揮できる環境をつくっていくこと、それも今の私のミッションの一つだと思っています。

世の中とのイメージギャップ

接遇者のマインドは、時代の変化や世の中の風潮とも無縁ではいられません。

私の接遇が最初のうち評価されなかったのは、今考えれば、飛行機が特別な乗り物で、サービスにもラグジュアリーさやリッチさといった、ちょっとぜいたくを感じさせてくれるものが求められていた時代に、私のような「やりすぎない接遇」は理解されにくかったという面があったのではないかと思います。けれど、日本社会が成熟して、さりげないサービスを求めるお客さまが増えた。自分自身は変わらなくても、周囲が変わったために、見え方が変わるということがあるのです。

また、ＣＡの場合は、接遇の仕事の中でも世間の目にさらされることが多い職種なので、実際のＣＡのマインドと、世の中で思われているイメージのギャップも相当あります。

たとえば、私が自ら国内線の客室乗務員を希望したというと、意外に思われる方がいらっしゃいます。トップＶＩＰフライトを担当していたというと国際線のＣＡだと思われるようなのです。

けれども、英語を流暢に話せる花形のポジション＝国際線という一般的なイメージは、実態とは違います。

当然、国内線にも英語が話せる人はいますし、みんながみんな国際線のＣＡになりたいと思っているわけではありません。今は組織編成が変わって羽田ベース、成田ベースという区分がなくなり、ＣＡはみな国内線も国際線も飛ばなければいけなくなりました。そもそも、トップＶＩＰは、海外のフライトの場合は政府専用機を使いますから、民間航空会社が担当するのは国内便に限られるのです。

もちろん、プロですから外からのイメージで仕事ぶりが変わってはいけませんが、世間的なイメージに影響されて、本当に優秀なＣＡがきちんと評価されていない状況があるとすれば、やはり残念だと思います。接遇の本質が評価されてほしいと思います。

マインドの違いがわかれば一人前

「サービスする」「おもてなしする」というように、基本的に接遇は、相手に対して何かをすることだと思われています。お客さまがそれを求めているときは、足し算の接遇でよいのですが、それでは対応できない場面が出てきます。それは、「余計なことをしない」ことが求められているときです。

一九九一年に、故マーガレット・サッチャー元英国首相が来日された折、フライトに乗務させていただいたことがあります。羽田─札幌のチャーター（貸し切り）便です。

サッチャーさんは私たちクルーと少し言葉を交わすと、すぐに机に向かって書き物をはじめられました。

シートベルト着用サインが消えたあと、私はサッチャーさんのもとにうかがってサービス内容の説明をはじめたのですが、サッチャーさんは途中で止められ、「私はフルーツとサラダとチーズ、これだけで結構ですよ」ときっぱりと言われました。

自分にとって必要なものとそうでないものがはっきりしているのです。さすがリーダーになられる方は、瞬時に判断され、余計なものに執着しないのだなと感じました。意思表示も明快ですから、こちらも素早く割り切って、「これはやる」「これはやらない」と判断することができます。

今だから明かしますが、じつはイギリスの老舗高級百貨店のハロッズが、サッチャーさんのための特別な機内食を用意していました。準備した人たちのことを思うと、一目見ていただけるだけでも作り手は喜ぶだろうな……という思いが一瞬よぎりましたが、それはあくまでもおもてなしをする側の都合です。

サッチャーさんは、そのあともとくに何かをリクエストされることもなく、札幌に到着するまでお仕事に集中されていました。周囲のざわめきを完全にシャットアウトして、まるで見えないカプセルに一人で入っているような感じでした。

接遇の経験を重ねると、サッチャーさんのように「物的なサービスを求めない」お客さまに出会うことがあります。そのようなとき、足し算の接遇をする人の多くは、せっかく準備したのにと、がっかりしてしまうものです。しかし相手の立場に立ってみればそれも理解できるはずです。サッチャーさんの場合は、一秒でも無駄にしたくないと考えているであろうことは想像に難くありませんでした。

これは日本人と欧米人のマインドの違いも関係しているのだと思います。日本人は相手に気を遣って、本当はいらないのに一応受け取っておくということがよくありますが、欧米人は、いらないものはいらないとはっきり言うのが基本です。そのようなマインドの違いを考慮せずにいちいちがっかりしていては、よい接遇はできません。

足し算の接遇と引き算の接遇、両方を使い分けられてこそ、接遇者として一人前なのだと思います（引き算の接遇については、第2部でもくわしくお話しします）。

適度なところで引くさじ加減

このときのチャーターフライトには、サッチャーさんのほかに、もう一人、イギリスのVIPが搭乗されていました。サッチャーさんと親交の深い、政治家のジェフリー・アーチャー氏です。『百万ドルをとり返せ！』や『ケインとアベル』などで知られる小説家でもあります。彼の作品は日本でもベストセラーになりましたから、ご存じの方も多いのではないでしょうか。

アーチャーさんは、サッチャーさんと反対に、おしゃべりがお好きで、会話を知的に楽しむことにとても長けていらっしゃいました。運航中も、ベルト着用サインが消えたあとは、座席から立ち、シートに少し寄りかかったようなリラックスした姿勢で、秘書の方と楽しげにお話をなさっていました。私たちクルーにも、ジョークを交えながら気さくに話しかけられました。

話題がアーチャーさんの著作のことになったとき、「きみは私の本を持っているか？」と聞かれました。もちろん読んだことはありましたが、そのときは携行していなかったので、「今日は持っていません」とお答えしたら、いたずらっぽく笑って「本当は持っていないんだろう」と冗談半分で責められる一幕もありました。また、私は高校生のころ米国留学し、アメリカンイングリッシュを学んだので発音がアメリカ流だったのですが、英国人のアーチャーさんはそれを口真似してからかうような茶目っ気もおありでした。

このような場合はもちろん、喜んで会話に参加させていただきます。楽しい雰囲気におこたえしたいというのは、接遇者としても自然な気持ちですから。

けれども、通路を挟んで反対側の少し前方では、サッチャーさんがお仕事に集中されています。サッチャーさんは話し声をまったく気にされる様子もなく、静かにご自分の世界に入っていらっしゃいましたし、アーチャーさんもよく心得た上で気を遣わずに振る舞っていることはわかりましたので、会話を控えていただこうとは思いませんでしたが、CAがいつまでも話に興じているのはおかしなことです。そこは、声の大きさに気をつける、適度なところで引くなどのさじ加減が必要になります。

違うタイプのお客さまに同時にサービスするという状況は、接遇の仕事をしていればよくあることです。一般のフライトでも、会話を楽しまれる方、黙々と仕事したい方、眠りたい方が同じ機内に混在しているのはごく当たり前の状況です。賑やかなグループに、あからさまに嫌そうな顔をする方もいますし、CAがクレームを受けることもあります。接遇者のマインドとして肝心なのは、どんなタイプのお客さまとも等距離を保つことだと私は考えています。

寄り添うことも大切ですが、どちらかに寄り添えば、傾きが生じます。その場が大きく崩れることのないようにするのも、接遇者の役割です。

お客さまに流されず、しっかりと自分のスタンスを維持できてこそ、本当の意味でのサービスができるのだと思います。

苦言も愛あればこそ

最近の風潮では、「愛社精神」という言葉を使うと、古くさいと思われてしまうでしょうか。けれども、愛社精神なしで接遇をするというのは、なかなかにつらいことです。

接遇が生じるのは、人と人が出会う場所です。お客さまと出会う代表的なところでは、飛行機やホテル、もっと身近なところではデパートやショッピングモール、スーパーマーケットなどの商業施設、レストランやカフェ、ファストフードといった飲食店などにも接遇が求められます。鉄道やバスといった公共交通機関、タクシー、それに、自動車教習所でも接遇研修を導入するところがあります。

これらの共通点はなんでしょう。

それは一人ではできない仕事だということです。

多くの接遇の仕事はチームプレーで成り立っていると先に述べました。

もし、自分の所属するチームに愛情を持てないとしたら……。

私が一緒に仕事をしたＡＮＡのＣＡはみんな、多かれ少なかれ、ＡＮＡという看板を背負っているという自負がありました。自分の会社なのだという意識が、苦言提言も含めての愛社精神になっていたのではないでしょうか。

一方、フリーランスで働く人びとも、複数の企業や現場を経験されるという点で、会社勤めの人とは異なる働き方をされていると思いますが、クライアントの信頼と満足を勝ち取るという点では、取引先である会社ごとの特殊性を理解することが、求められる役割を十二分に果たすことにつながるはずです。

【コラム１】

航空業界の変遷と海外旅行ブーム

飛行機との出会いは、当時としては早く、中学生のころでした。家族での海外旅行も恒例で、行き先は決まってハワイ。愛知県に住んでいましたから、出国は大阪国際（伊丹）空港です。当時は、関西国際空港はもちろん、成田空港もありません。

成田空港の開港は一九七八年。それまで首都圏発着便はすべて羽田からでした。

羽田の正式名称は東京国際空港。成田は、二〇〇四年に成田国際空港と改称されるまでは、新東京国際空港という名称でした。その名のとおり、高度成長期の大型旅客機の需要増と、海外旅行自由化による旅客増によって、輸送能力が限界に達した羽田を補完するための新空港として、成田は計画されたのです。

その後、成田は国際線のハブ空港として拡大。羽田は国内線、成田は国際線という具合に役割分担されるようになりました。しかし二〇〇八年の羽田空港の国際化で、最近はその流れにも変化が見られます。

話は、私がＡＮＡに入社した一九八六年に戻ります。

前にも触れたように、当時、日本で国際定期便を運航していたのはＪＡＬのみ。私が入社した年に、ＡＮＡは国際定期便に参入しました。

その年の国内線旅客数は年間四千六百万人。国際線旅客数は七百二十万人。二〇一三年の航空旅客数が、国内線が年間約九千万人、国際線が千五百万人弱ですから、二十七年間でほぼ倍増したことになります。

八〇年代後半の好景気、九〇年代の海外旅行ブームもあって、国際線の旅客数はどんどん増えていきました。国内線も、便数の増加、日本各地の空港の新設などによって、利用しやすくなりました。出張の多いビジネスマンの方などは、そういえば、以前は主に新幹線だったけど、空路を使うことが増えたと感じる方もいらっしゃるかもしれません。帰省の時なども、今では飛行機の利用もまったくめずらしいことではなくなりました。

利用者が増えて、飛行機はより親しみやすい乗り物になりました。一方で、かつてのような、ラグジュアリーな乗り物という感じは失われつつあります。たとえば、むかしは飛行機に乗るといえば服装もちょっとよそいきでしたが、ある時期から、リゾート便でなくても、ハーフパンツにサンダルといった普段着のお客さまが増えたという印象があります。

私の実感では、それはちょうど、CAが正規雇用の社員ではなくなった時期と重なります。ANAは一九九五年にCAの契約社員制度を導入しました。その背景は一概には言えませんが、長引く不況、採用人数の増加など、さまざまな要因が複雑にからんでいました。CAが女性の憧れの職業ナンバー1ではなくなったのもこのころだったでしょう。

九〇年代は航空業界の規制緩和が進んだ時代でもあります。一九九八年には、スカイマークエアラインが羽田―福岡便で、エア・ドゥが羽田―札幌便で、新規参入します。

さらに、二〇〇〇年代になると、外資系のLCC（ローコストキャリア）と呼ばれる格安航空会社が日本の空港に就航するようになりました。二〇一〇年代に入り、日本でもピーチ・アビエーションなどのLCCが相次いで設立されています。

サービスは最小限でいいから、安く飛行機に乗りたいというニーズの受け皿になったわけです。

ニーズが多様化する中で、お客さまにとっての飛行機のいちばんの利点は、やはり「速い」ということです。空港によってはアクセスがあまりよくなかったり、荷物を預けた場合は出てくるまで少し待たなければいけなかったりといったわずらわしさはありますが、長距離移動の速さを求める人にとっては飛行機はファーストチョイス。けれど、それ以外の点、快適性や利便性、価格などでは、新幹線や長距離バスなどと激しく競争しなければならなくなりました。

私自身は、かつての飛行機のあり方にノスタルジックな気持ちがまったくないわけではありませんが、大衆化についてうれしいとかかなしいといった感慨はとくにありません。

いつの時代でも、いろいろなお客さまがいらっしゃいます。

一年に一度か二度、休暇で空の旅を楽しまれる人。

あくまでも移動手段として、速さや機能性を求めている人。

世界中を飛び回り、一年で二百回も飛行機に乗るというジェットセッター。

さまざまなお客さまが乗り合わせるのが飛行機です。

どんな業界でも、「こうあらねばならない」と凝り固まったり、むかしを懐かしんで立ち止まってはよくありません。目の前のお客さまお一人お一人を大切にする。時代が変わっても、現場の接遇者のマインドは変わらないと思います。

2. 家庭でまかれたおもてなしの心の種

教育のたまもの

さて、ここからはビジネスから少し離れ、プライベート、つまり、家庭におけるおもてなしについてお話ししてみましょう。おもてなしの基本は家庭にあるといっても過言ではありません。

おもてなし上手の奥さん、お母さんがいてくれたら、うれしいでしょう？　忙しいときにさっと助けてくれたり、適切なアドバイスをくれるだんなさんがいたら、心強いですよね？

家族への思いやりや、サポートする気持ち、家の中を心地よく保つためのあれこれが、おもてなしの心の原点だと私は思います。

私は、結婚して夫と子どもがいるという人生は今のところ選んでいませんが、家族やパートナー、大切な友人たちのよきアシスタントでいたいという思いをずっと持っています。その人がいい仕事ができるように、人生を楽しめるように、肝心なところでいいパスを出せる自分でいられたら最高だと思っています。

自分は一歩引いて、みんなのサポート役を引き受けるというのは、子どものころからそうでした。小学校、中学校の同級生に私の印象を聞くと、すごくおとなしい子だったと言われます。自分から口を出すことはあまりなく、いつもにこにこして、みんなと一緒にいた。お嬢さまっぽく思われていたらしいので、当時から身だしなみはきちんとしていたようです。両親の教育のたまものです。

友人でも、また恋愛や結婚でもそうですが、人間関係は趣味や価値観が同じ人のほうがうまくいくとよく言われます。たしかにそうかもしれません。趣味が一緒なら、どうすれば相手が喜ぶかわかりますから、そのほうが簡単です。

けれど、私は趣味が違うからこそ楽しいと思うんです。なぜなら、自分の世界を広げたいと思うからです。仕事でもプライベートでも、いろいろなシチュエーションが自分に与えられたとき、自分とは違う趣味や価値観の人がいたら、その人の趣味に乗るほうが楽しめると考えます。この価値観は自分の発想にはなかったからこそおもしろいと思うのです。

そして、たとえ趣味が違おうが、価値観が違おうが、ずっと付き合っていかなければいけないのが家族です。

家族関係には、他人同士が一つの場所、同じ空間の中で、どううまくコミュニケーションをとるかということの基本がつまっているのです。

まわりの人たちが楽しく、心地よくいられるようにというのが、子どものころから変わらない私のスタンスです。それは、互いを尊重し合うことを自然に教えてくれた両親の教育のおかげだと感謝しています。

花嫁修業からスチュワーデスへ

キャリア志向のなかった私がCAになったのには、いくつかの偶然が重なっています。

短大を卒業して半年ぐらい経ったころ、東京に住んでいた友人と電話で話していると、彼女がなにげなく言いました。

「全日空でスチュワーデスの既卒募集があるから、受験しようと思うの」

それまで、自分がスチュワーデスになるとは具体的に考えたこともありませんでしたが、思わず「私も受験してみようかな」と答えていました。当時の私はいわゆる「花嫁修業」

中。このままお見合いして、結婚して、決められたレールにのってしまうことに、漠然とした不安があったのかもしれません。

友人には受けてみるとは言ったものの、両親に反対されるだろうなという予想もありました。けれど意外にも強く反対はされませんでした。じゃあ書類だけでも取り寄せようと、全日空の名古屋支店へ出向きました。所定の往復ハガキを出すと、応募書類が送られてくることになっていました。

受付カウンターに行ってみると、そこにあるはずの往復ハガキがありません。尋ねると、配布は前日で終わってしまっていました。ああ、一足遅かった、とがっかりしていたところ応対してくださった方が、まだ大丈夫だと思いますよと、奥から一枚ハガキを持ってきてくれたのです。今のようにインターネットでエントリーシートを送信する方式だったら難しかったでしょうね。おおらかな時代でした。

おおらかと言えば、こんな受験者をよく通過させてくれたなと思うこともあります。就職活動をしたことがなかった私は、面接にシャネル風のベージュのスーツを着て行ってしまったのです。インナーにはピンクのブラウス。就活の常識を知らなかったので、あらたまった服装をしなければと思って選んだら、そうなってしまったのです。リクルートスーツの中で一人、さぞ浮いていたことでしょう。

「なにがなんでもCAになりたい」と思っていたわけではありませんでしたが、一次試験、二次試験、三次試験と進んでいくうちに、「絶対に合格したい！」という気持ちが強くなっていきました。真剣にスチュワーデスを目指している同世代の人たちと一緒に試験を受けるうちに、負けずぎらいに火がついたのです。

本気になったのはいいのですが、受かりたい一心で、「ジャケットに鉛を縫いつける」という、今思えばおかしなこともしました。スチュワーデスは過酷な仕事だから一定以上の体重がないと落とされるという噂を聞きつけたのですが、当時の私は体重が軽かったので、これはまずいと考えた苦肉の策です。母が細かい鉛の粒を小さい袋に入れて、ジャケットの内側に縫いつけてくれました。一カ所につけるとジャケットが傾くからと、いくつかの袋に分けて、バランスよく。

「体重測定のときにジャケットを脱いでくださいって言われたらどうしよう」

「下着が透けるから今日は脱げないと言いなさい」

母も私も大真面目です。母は、「美津奈がやりたいと言っているんだから応援しなきゃ！」と本気になってくれたのです。

面接の最終段階は羽田空港で行われたのですが、そこまで行くと、全日空のスチュワーデスが行き来するのを目にします。颯爽《さっそう》とした姿を見て、「ステキだな、私もああなりたいな」という思いはよりいっそう増していきました。

合格の知らせを受け取ったときは本当にうれしかったです。

余談ですが、私に全日空の募集を教えてくれた友人は、結局受験しませんでした。でもその友人は私を応援してくれて、試験のために上京したときは彼女の家に泊めてもらったり、不慣れな東京で道案内をしてくれたり、合格を報告したときも、「よかったね、美津奈ちゃん」ととても喜んでくれました。今でも仲のよい友人です。

彼女との電話がなかったら。

往復ハガキをもらえなかったら。

いくつもの出会いや運が重なって、今の自分があることを実感します。

主張する子どもに変身

おとなしい子どもだったころの友人に会うと、「今の美津奈ちゃんが信じられない」と言われることがあります。いつもにこにこと、身なりもさっぱりとしていて、静かにそこにいて、場の雰囲気は損ねない。それは私の資質の一つではありますが、おとなしいだけの私だったら、CAにはならなかったかもしれません。

転機は、高校一年生の夏休み。短期留学制度を利用してアメリカへ行き、サマーキャンプに参加したことでした。

アメリカの同世代の子たちは、ごく自然に自分の意見を口にしていました。人と意見が違っても気にしない。むしろちゃんと意見を言える人が尊敬される。ファッションにしても、お化粧やピアスをしている子もいて、アメリカの高校生はとても大人っぽく、自立して見えました。当時の私にとってはカルチャーショックでした。

それまでの私は、同級生たちがいいと言うものをいいと思えない、マンガの話もテレビの話も全然おもしろいと思えない。そんな自分のほうがどこかおかしいのだろうか。本当に好きなものを好きと言うと友だちと距離ができそうで怖い。子どものころのおとなしかった私は、意見がないのではなく、あえて言わないように、ブレーキをかけてしまっていたのです。

そんなふうに、みんなと違う自分に自信が持てないでいたのが、違う文化を知ったことで、「私は間違っていなかったんだ」と思うことができたのです。そこから私は変わりました。

表面的なことではなく、マインドが変わったので、生きることが楽になりました。サマーキャンプから帰国すると、自分のやりたいことをやりたいと主張する子に変わっていたので、両親は面食らったかもしれません。父は、娘が大人になってしまったというある種のさみしさを感じたようです。母は、それまで私がどことなく生きづらそうにしていたのを感じてくれていましたから、黙って見守ってくれていたと思います。

居場所がある安心感

両親の教育方針はユニークで、一貫して、女の子らしい、やさしい子になってほしいというのが願いでした。「勉強しなさい」と言われたことは一切なく、反対に、勉強しているると「もう寝なさい」と言われたほど。食べものの好き嫌いもあったのですが、それも叱られたことがなく、「好きなものを好きなだけ食べなさい」と言われて育ちました。

子育ての教科書からははずれているかもしれませんが、自分たちの子どもはこう育てるというポリシーをはっきりと持っていたということです。

好き嫌いオーケー、勉強もしなくていいというユニークな両親のもっとも尊敬すべき点は、「子どもを絶対に否定しない」ことです。

クラスの人気者や成績のよい子、目立つ子がいる中で、私はごく平凡な子どもでしたが、だれだれちゃんと比べてあなたは、という言い方をされたことは一度もありません。というより、自分たちの子ども以外のことをあえて話題にせず、ただただ「みっちゃんはすごいね、やさしいね」と言われるのです。

こう書くと、なんという親バカだろうと思われるかもしれません。けれども、自分の居場所があると安心感を得られたおかげで、学校ではそれほど目立つこともなく、疎外感を味わうことがあっても、友だちに同調せず自分らしくいることができたのだと思います。

ティーンエイジャーになっても、子ども（私）に対する両親の信用は絶大でした。こちらも信用されていることはわかるのですが、かといって、「あなたのことを信じているからね」というような言葉でプレッシャーをかけることもありません。愛情にあふれた放任主義とでもいいましょうか。

その肯定ぶりは徹底していて、姉が結婚するとき、普通でしたら相手の方に、「ふつつかな娘ですが」と言うところを、「大切に育てましたので、よろしくお願いします」と言ったほどです。そういう気持ちで育ててくれたのだと思うと、自然に感謝の念がわいてきます。

父はユーモアのある人で、私や姉が落ち込んでいたり泣きべそをかいたりしても、必ず笑いに巻き込んでしまう、そういう雰囲気づくりの上手い人でした。

あとから母に聞くと、私も姉もいわゆる反抗期がなく、育てやすかったと言っていましたが、あそこまで「信頼」してくれていると反抗の余地もなかった気がします。あるいは、反抗していたのにあの親だから気づかなかったか……。どちらかです。

今の私ができあがったのは間違いなく、この両親のもとで育てられたからだと感謝しています。

【コラム2】 私の好きなエアライン

私は飛行機に乗ることも好きです。

CAになってからも、一人のパッセンジャーとして空の旅を楽しむ感覚を忘れないようにしたいと思っていました。

国内線はやはり移動手段という感覚が強いですが、国際線はそれだけとは思っていません。子どものころの家族旅行も、高校一年生ではじめて自分の意思で短期留学をしたときも、飛行機は私を、まだ見ぬ場所へ連れていってくれました。あのわくわくする感じは国際線ならでは。飛行機はやはり、特別な思い出を彩る乗り物です。

プライベートで飛行機に乗るときに航空会社を選ぶ基準の一つは、プレゼンテーションです。プレゼンテーションとは、「いかに見せるか」、つまり、視覚的な要素です。たとえば食事でも、おいしさだけでなく、美しく作られているかどうか。私は機内食を控えることが多いのですが、まわりの人が食べているのが目に入りますから、機内食が美しくないなと思ってしまうとがっかりします。

内装もそうですし、シートポケットに入っている安全のしおりや機内誌など、お客さまが取り立てて意識していないものでも、目に入るものすべてでエアラインの印象は決まってきます。そういうところまできちんと気を配ってデザインされているかどうか。

じつはプライベートではANAはあえて乗らないようにしているので（知っている人にも会いますし、どうしても仕事の自分を思い出してしまって完全にリラックスできませんから）、それ以外のエアラインで例として挙げると、キャセイパシフィック、シンガポール航空などはいいなと思います。エールフランスもいいですね。

これらのエアラインは、CAの制服もとても個性的です。シンガポール航空の、伝統衣装をデザインした制服はまさにエアラインの顔となっています。エールフランスの制服は、さすがファッションの国フランスだと思わせるエレガントさです。過去にも多くの有名デザイナーが起用され、現在の制服はクリスチャン・ラクロワによるデザイン。CAの制服は、もっともわかりやすいプレゼンテーションですから、各エアラインとも力を入れています。

もう一つの基準はやはりサービスです。ほどよい距離感があって、エレガントなサービスを私は好みます。全体的な傾向で言えば、海外のエアラインのほうが、日本の航空会社より、クールで大人っぽい印象でしょうか。

もちろん、あくまでも私にはそういうスタイルが合っているということです。人によってサービスにも好みがありますから、海外旅行に行くのに航空会社を選びあぐねているというときは、詳しい人に聞いてみるのもいいかもしれません。

広告・宣伝などにも、意外にしっかりとそのエアラインの社風が表れています。

たとえば、ANAの「あんしん、あったか、あかるく元気！」というフレーズは、ひまわりを使ったビジュアルとともに、ポスターなどで見たことがある人も多いのではないでしょうか。これは二〇〇四年に採用されたスローガンで、親しみやすさというＡＮＡのカラーをよく表していると思います。実際のサービスも、やはり輝く笑顔で、お客さまに身近に感じていただこうという意識があると思います。

ＪＡＬに乗ることももちろんあります。ＪＡＬは日本の航空のフラッグシップですから、やはり老舗ブランドのような安心感と風格がありますね。サービスも、同じ日本の航空会社であってもやはり印象は違います。

おもてなしのマインドは、一人ひとりの接遇者がそれぞれ勝手に持っていればいいというものではありません。ＣＡなら航空会社というように、その人が所属する会社や組織全体で表現していくものでもあるのです。

第2部

おもてなしの技

1. ビジネスで使える知っておきたい究極の技

実践で養われたスタイル

接遇でもっとも大切なことはなんだと思いますか。

それは、「距離感」と「タイミング」です。

べったりとお客さまに寄り添いすぎてもいけませんし、しぐさや表情などのサインを見落とすほど離れてもいけません。早すぎても、遅すぎても、お客さまは戸惑ったり、不快感を抱いたりしてしまいます。

何をしたかより、その結果、お客さまがどう感じたかのほうが重要です。接遇は、自分と相手のあいだに存在します。けれども、目に見えない、かたちに残らないものだから、その感覚をつかまえるのが難しいのです。

ですから、接遇者が、「私はこれだけやったのだから」といくら主張しても、あまり意味はありません。お客さまが、「今日は心地よく過ごせたな」「また来たいな」と思うかどうか。つけ加えるなら、「次もあの人に担当してもらいたいな」と思っていただくことができたらすばらしいですね。

接遇は自分と相手とでつくりあげるものですから、「おもてなし」と「マニュアル」は、本来あまり相性のよくないものだと私は思います。

マニュアルどおりに一つも間違えずに遂行したところで、相手が喜ぶかどうかは別の話です。

前にも触れましたが、CAをしていたころは、同じ接遇をして、とても喜んでくれるお客さまもいらっしゃればお叱りを受けるケースもありました。「あれ？　これで昨日あんなに褒められたのに、おかしいな」と思うこともしばしばです。そういう経験を経て、本当にいろいろな人がいて、いろいろな価値観があることを学びます。一期一会とはよく言ったもので、今日と同じ場面は二度とありません。

正しい言葉遣いをすることや、ルールやマナーを熟知していることは当たり前。その上で、どう振る舞うか。それがおもてなしの難しさであり、やりがいのあるところです。

そういうわけで、おもてなしの「技」だけを切り取って伝えるのはとても難しいのですが、経験を重ねるにつれて、私なりのやり方がかたちづくられてきたところはあります。「相手との関係性をどうつくるか」という視点から、こういうケースはこういう考え方をしたとか、こういう人にはこういうふうに接するとよかったというように、ある種の法則のようなものを取り出してみたいと思います。

ノウハウや、ハウツー本でそうしたものをつくったことは一度もありません。性別、年齢、職業、さらには人種、国籍、文化など、それぞれに異なる背景を持った大勢の人たちと応対してきた経験によって、今の私のスタイルができあがっているのです。

「弱」から入るのが鉄則

接遇は距離感とタイミングと言いましたが、そうは言っても、「距離感」などという目に見えないものの距離を、どうやって測ればいいのでしょう?

答えを明かしてしまえば意外に簡単と思われるかもしれません。それは挨拶です。

「本日はご搭乗ありがとうございます」

「いつもご利用ありがとうございます。本日は私、里岡が担当させていただきます。どうぞよろしくお願いいたします」

たとえば飛行機のお客さまの場合、このようにご挨拶しますが、たったこれだけの時間の中で、接遇者が受け取れる情報はたくさんあります。

こちらの目を見てくださるかどうか。

そのときに表情が緩むか、固いままなのか。

言葉を返してくださるかどうか。返してくださったとすればどんな言葉か。

動作はどうか、しぐさはどうか。

さりげなくお客さまの様子を観察して、今の気分を推し量ります。

よくコミュニケーションはキャッチボールのようなものだと言われますが、キャッチボールの最初の一球で強く投げ込むことはしませんね。弱めのボールをやわらかく投げてみて、相手のコンディションを確かめるはずです。

接遇も同じで、「弱」から入るのが鉄則です。

お客さまが静かに過ごされたいのか、快活な気分でいらっしゃるのか。その感触で、接遇の距離感は変わってきます。たとえば、一見放っておいて欲しそうに見えたお客さまが、じつは体調がすぐれないなどのケースがあります。最初の挨拶の時点で気づいておけば、少し遠くからでも、目を離さないようにしておくことができます。最初に「弱」から入っておけば、そのあとでいくらでも調整することができるのです。

「タイミング」も重要です。

機内の場合で言えば、搭乗してすぐの混雑しているときや、お客さまがまだ荷物の整理などに気をとられているときの挨拶はあまり意味がありません。相手の準備が整う前にボールを投げてしまうようなもので、情報収集どころか、むしろ不快感を与えてしまいます。ざわめきが収まってからご挨拶にうかがっても遅くはありません。

挨拶を儀礼的に済ませてしまったり、単に自己紹介で終わらせてしまったりするのはもったいないことです。距離感とタイミングを意識しながら、貴重なコミュニケーションの機会として、さりげなく、でも積極的に利用してください。

ビジネスでも同じことが当てはまります。

上司に報告するとき、相談したいとき、もちろん事の緊急性にもよりますが、よほどの急ぎでない限りは、上司の忙しさ具合をまずは見きわめましょう。会議続きで一日中ほとんど席にいない、トラブル処理でピリピリしている、そんなときに「あのー」と声をかけても、なかなか届かないかもしれません。管理職である以上、部下からの相談に乗るのは当然の職務ではありますが、そうは言っても彼ら、彼女らも人間です。「ご都合のよろしいときにお時間を……」「お忙しいところすみませんが……」のひと言でまずは探りを入れてみましょう。

ちょっとした間《ま》をおくことで、相手の状況を知ることはできるはずです。そして、大切なことは挨拶を日頃からしておくことです。ひと昔前は当たり前の習慣が、ともすると最近はおろそかにされがちです。

ここは昔からの知恵にならって、挨拶をきちんとすることからはじめてみてはいかがでしょう。

後手の対応は傷口を広げる

挨拶を意識的に行うように習慣づけると、観察する目が養われていきます。

「観察力」がなぜ大切かと言うと、早めに手が打てるからです。

接遇者は、お客さまの顔色や、お客さまの態度、発せられる言葉など、お客さまが出すサインに一喜一憂します。緊張もしますし、怖いと思うこともあるでしょう。私もまだキャリアが浅いときにはそういう状況がたくさんありました。けれども、怖がってばかりいるといいことは一つもありません。ですから、できるだけそういう状態にならないように、

「お客さまをよく見る」ということを率先して行い、「見る」という能力を磨いていったのです。

じつは、意外にも役に立ったのは、子どものころの記憶です。

そういえば私は、ステキだなと思う人をつい目で追ってしまったり、どうしてこの人はこういうことを言うんだろう、などとしょっちゅう考えている子どもでした。それを思い出したとき、ああ、あのころのことが今、役に立っているんだなと思えたのです。もちろん、あまりじろじろ見るのはマナー違反ですからそこは節度をもって。

お客さまを怖い存在だと思わず、一人の人として関心を持つこと。そうすると、お客さまのサインに素早く気づくことができるようになります。

よく、「どうしたら人を恐れなくなりますか」と聞かれるのですが、たいてい、そうした不安を抱く人は、じつは自分自身が相手を「モンスター化」していることが多いと思います。

こんなことを言ったら怒られるんじゃないか……そんな妄想が広がって自分を萎縮させてしまう。ですから、「久しぶりにお会いする恩師」「以前、お世話になった近所のおばちゃま」そんなつもりになって、目が合ったら少し微笑んで、挨拶の言葉を投げかけてみましょう。ぶっきらぼうか、思っていたよりも感じがいいか、少なくとも、相手がどんな対応をする人かという情報があなたにインプットされるはずです。

また、実際のところ、お客さまへの対応として、打つ手が少しでも遅れると、そのあとの対応がどんどん後手に回っていって、それを挽回するには何倍もの労力が必要になってしまいます。傷口はどんどん広がってしまうからです。

特に飛行機の中は特殊な空間で、独特の心理状態になります。

密閉された空間なので、不安に襲われて精神的に不安定になる人が一人でも出ると、それが全体の空気に影響しやすいのです。この場合、ある一人のお客さまのわずかな不安は、全体にとってのリスクとなります。不安そうなご様子のお客さまがいたら、その不安を少しでも取り除いて差し上げられるような行動を、つねに心がけていました。

接遇のリスクマネジメントも、先手必勝なのです。

気負わない、構えない、おびえない

距離感ということで言えば、一人のお客さまとの距離感もありますが、接遇者にとってときにそれよりも難しいのは、どんなお客さまにも同じような距離感で接することではないでしょうか。

もちろん、お手伝いが必要なお客さまや、ご高齢のお客さま、小さい子ども連れのお父さんお母さんなど、助けが必要なお客さまに、ほかのお客さまよりも時間をかけるということとは別の話です。

たとえば、あるお客さまから苦情があったとします。

もちろん真摯に対応しなければなりませんが、そちらの対応ばかりに気をとられると、ほかのお客さまへのサービスがおろそかになってしまうことがあります。クレームがあったことに必要以上に動揺してしまうと、全体との距離感が保てなくなってしまうのです。

機内でそういうことがあった場合は、私がチーフパーサーであれば、ほかのお客さまにサービスが行き届かないということがないように、別のCAに指示をしてフォローさせたり、苦情を言ってこられたお客さまのご様子によっては対応を交代するなどの措置をとります。

飛行機に乗ってくるお客さまにはさまざまな方がいらっしゃいます。タレントやスポーツ選手などの有名人や、大企業の社長などのビジネスマンもいらっしゃれば、団体旅行や修学旅行のお客様、サービスに対して要求の高いお客様も大勢お乗りになります。立派な肩書の持ち主だからと気負ったり、好ましくない前評判のある人におびえて遠巻きにしているようでは、いい接遇はできません。

一人ひとり個性のあるお客さまをお迎えする立場の接遇者にとって大切なのは、「気負わない、構えない、おびえない」ということです。

気負ったり、おびえたりするのは、相手に対して先入観を持っているからです。相手に対してというより、相手の肩書に対して、と言ったほうが正確かもしれません。

私は、社長でもクレームをつける方でも、「同じ人間じゃないの！」と思っています。私がどんなお客さまへのサービスでも緊張しないでいられたのは、そういう考えが根本にあるからなのでしょう。

先入観や前評判に振り回されるのではなく、今、目の前にいるその人自身をしっかりと見ること。よいサービスはそこからしか生まれません。

経験は「引き出し」になる

「ＶＩＰをおもてなしするときのコツや、テクニックがあったら教えてください」と聞かれることもありますが、じつは、ＶＩＰのお客さまだからこうしているという特別なテクニックはないのです。

時と場合によって必要なマナーやルールはありますが、テクニックとは違うような気がします。ミスが許されないということもありますが、一般のお客さまのフライトのときであっても、ミスは許されないのです。

むしろ、VIPフライトのときは、私はその方々へのサービスだけに専念するという点で、集中できる状況でした。大勢のお客さまに一度に対応しなければならない日常のフライトのほうがそういった意味では大変でした。毎回フライトのたびに、目を皿のようにして隅々まで見渡し、いろいろなところに気を配らなければいけませんから、一日が終わると心も体もへとへとになります。ですが、その経験があったからこそ、VIPのお客さまへのサービスもできたのです。どちらが欠けても、私のスタイルはつくられなかったでしょう。

振り返ってみると、私は日常的なフライトのときも、お客さま全員がVIPだという意識で対応していました。お客さまへの一言一言、所作の一つひとつ、すべてです。もしほかのCAとなにか違うところがあったとすれば、ふだんのフライトでも「失敗は絶対に許されない」という心構えで臨んでいたことだと思います。VIPのときにそうするのは当たり前です。けれども私は、接遇力が問われるのは、そういった日常のフライトでの実力であると思っているのです。

なぜかと言うと、事前情報がほとんどないからです。

ＶＩＰのお客様の場合、政治家の方にしても財界人の方々にしても、タレントの方々にしても、世の中に情報がたくさんあります。もちろん、ご本人の実像そのままではないとは思いますが、少なくともプロフィールはわかりますし、テレビなどを通じて話す姿を見たり、声を聞いたりすることもできます。けれど、一般のお客さまはそういうことがありません。前知識ゼロです。しかも一度に大勢のお客さまと出会うわけですから、接遇としてはそのほうが、よほど難易度が高いのです。

ですから、ＣＡの場合で言えば、一般のフライトを経験せずに、一足飛びにＶＩＰ担当になるということはまず考えられません。

いろいろなお客さまに対応してきたからこそ、表情一つで相手の気持ちを汲むことができたり、視線や動作などのサインを見逃さずに対応できたりするのです。つまり、接遇の引き出しをたくさん持っているということです。

自分の中に選択肢をたくさん持っているほうが、さまざまな場面で応用できる確率は高くなります。接遇力を上げるには、経験という引き出しを増やしていくことが大切なのです。

プロファイルのスキル

ＣＡのように、一期一会の接遇が短期決戦型だとしたら、中期、長期の接遇というものもあるように思います。

短期型でＣＡとよく比較されるのが、ホテルやレストランの接遇です。はじめて出会うお客さまに、短い時間でサービスを提供する、一般に接客業と言ったときにイメージされるお仕事ですね。常連のお客さまと長くおつきあいする場合もありますが、大多数のお客さまとはまさに一期一会の出会いになります。デパートやショッピングセンター、コンビニエンスストアなどもこの短期型と言ってよさそうです。

一方で、たとえば会社の営業職のような仕事では、特定のお客さまと長くおつきあいすることが多いので長期型と言えます。人事異動などがなければ、クライアントの担当者と数年間、ときには十年以上おつきあいが続くこともあるかもしれません。自社の他部署の人よりも気心が知れているなどということもあるでしょう。そうなると接遇という言葉には収まりきらないかもしれませんが、相手をどうもてなすかは、人間関係を築くための重要な要素です。

短期型と長期型、それらの中間にあるのが、地方自治体や医療機関などの公共サービスです。不特定多数のお客さまが訪れるという意味では短期決戦型のサービスと似ていますが、地域がある程度限られますので、頻繁ではないにしても、同じ人と何度も出会う可能性が高くなります。また、レピュテーション（評価、評判）が蓄積されやすいということも言えると思います。

なぜ、そのようなことを考えるかというと、ここはぜひ強調しておきたいところなのですが、接遇者は一定程度、プロファイル（人物像を読む、分析する）のスキルが必要だと私は思っているからです。

さきほど、飛行機での接遇の怖さは、一度に大勢のお客さまに、しかもまったく事前の情報のない方々に対応しなければならないことだと述べました。プロファイルには決して容易な状況とは言えません。

それと反対に、営業職の人であれば、前任者からこれまでの経緯が引き継がれるでしょうし、先輩や上司からの情報も期待できます。新規の取引先でも、事前にある程度下調べをすることができます。プロファイルの材料を得やすいと言えます。

どちらがいい、悪いということはありませんが、人によって得意、不得意はあるかもしれません。

私が得意なのは、短期決戦型の接遇です。

人はどちらの要素も持っていて、仕事上で力を発揮しやすいのはどちらかというのが個性になるのだと思います。

もし、お客さまとの関係がうまくいかないと悩むことがあるとしたら、今の仕事に求められている接遇（お客さまとのコミュニケーション）が、短期・中期・長期のどれだろうかという視点でとらえなおしてみてはどうでしょう。

もし短期決戦型の職場でやりづらさを感じているのであれば、特定のお客さまと長くつきあって、じっくりと関係をつくるような仕事が得意なのかもしれません。簡単に職場を変えることができないとしても、自覚することができれば気持ちが楽になりますし、自分なりに策を講じることができるようにもなると思います。

あいづち上手になる

相手をプロファイルするというのは、接遇者に必要なスキルです。

プロファイルと言うと心理分析官のようで冷たい感じがするでしょうか？　そうだとしたら、観察力、洞察力と言い換えてもいいかもしれません。

つまり相手のことをよく知るということなのですが、これが口で言うほど簡単ではありません。

基本はやはり、お客さまとよく話をすることです。

「それならやっているし、できています」という人に限ってよくあるのが、「自分のことばかりしゃべっている」というケースです。

相手の話を聞き出す。これが鉄則です。

自分を伝えて好きになってもらう、信用してもらうということもいずれは必要になるかもしれませんが、それはもっと先のこと。まずはなによりも、相手の話を聞くことなのです。

それに、自分の口から話すことは、自分に都合がいいことです。相手の知りたいことはそれではありません。そもそもこちらに興味を持っているかどうかもわからない相手にむやみにアピールしても、「あなたのことなんて別に知りたくないよ」と思われておしまいです。

恋愛もよく似ています。「私を知って」とばかりに自分語りをする女性と興味なさそうな男性という組み合わせはよくある構図です。最近では男女が逆のパターンも多いのかもしれません。いずれにしても、恋愛の初期段階は、いかに相手のことを知るかの期間です。相手の話に耳を傾け、「私はこんなにあなたに興味を持っていますよ」と好意を伝えます。だから、自分のことをしゃべっている暇なんてあるはずがないのです。

ビジネスでも同じです。相手がなにを欲しがっているのか、今どういう環境にあるのか、こちらに期待しているのはどういうことか。そういうことを興味深く聞くことによって、情報を得る。すると相手もこちらを意識しはじめます。そうなってようやく、喜ばれるサービスを提供する土台がつくられます。

プロファイリングの質と精度が高くなるほど、相手のニーズに的確に応えられる確率がぐんと上がるということです。

「今日はなんとなく、あの人とうまくコミュニケーションがとれなかったな」と思うときは、ほとんどの場合、自分のことを話しすぎているときです。

「話を聞く」ために気をつけることは一つだけ。

上手にあいづちを打つことです。

なかにはとても口が重く、話したがらない相手もいるかもしれませんが、そういうときこそじっくりと辛抱強く、時間をかけましょう。なにか打開するシチュエーションやキーワードが出てくるかもしれません。

余計な自意識は捨てる

観察力や洞察力が裏目に出てしまうこともあります。

それは、相手が自分に対してネガティブなサインを出しているときです。

プライベートなら近寄らないように避けて通ることもできますが、プロの接遇者はそういきません。

たとえば、あるお客さまがいらっしゃったときに、明らかにその方は自分のことが苦手なようだとわかるときがあります。

私がCAとして働いていたころ、一組のカップルのお客さまが飛行機に乗っていらっしゃいました。女性のお客さまのほうから少し不機嫌そうな態度をとられたことがありました。「自分をよく思ってないのだろうな」ということはやはり伝わります。

特に接遇者は相手の感情を敏感に察することが仕事ですから、ご本人は表に出していないつもりでも、ちょっとその人にアクセスすればすぐにわかってしまいます。私がなにか失礼をしたからでもなく、別にその男性がとりたててなにかを言ったわけでもない。それなのに、なぜかとても不機嫌そうなのです。

「このお客さまは私のことが嫌い」「苦手にしている」という情報を受信してしまった場合、それにとらわれてしまうと、緊張したり、無意識に避けがちになったりして、余計にイヤなムードにしてしまいかねません。仕事とはいえ、人間ですから、嫌われればやはり落ち込んだり傷ついたりするものです。

けれど、プロの接遇者なら、その方に快適に過ごしてほしいという気持ちは変わらないはずです。ほかのお客さまと同じように、うまく距離感を保ちながらサービスする。そのお客さまも、好き嫌いでCAを選んで飛行機に乗っているわけではありません。「自分は嫌われている」「苦手だ」という余計な自意識は捨ててしまうのです。

先に挙げたカップルのお客さまのような場合、私は、あえて男性よりも女性のほうに向けてサービスするなど、サービスの強弱や相手の感情を鑑みた対応を心がけていました。それも拒否されるような感じであれば、無理はせず、淡々としたサービスに努めます。

会社の人間関係でも、苦手な上司ほどコミュニケーションをとりなさいということがよく言われます。コミュニケーションの邪魔をしているのは、相手からどう思われているのだろうかという自意識です。

そこで私がぜひおすすめしたいのが、「自分のオーラを消す」ということです。オーラを消すとはどういうことでしょうか。

次にご紹介する「引き算の接遇」がそれです。これを身につけると、自意識に振り回されて苦しむことからずいぶん解放されるのではないかと思います。

引き算の発想

接遇者に限らず、どんな人でもなんらかのオーラをまとっています。気配や、雰囲気と言ってもいいかもしれません。無意識のものなので、それを消すのはなかなか難しいことです。

オーラという言葉で浮かぶ人物といえば、たとえば美輪明宏さんがいらっしゃいますが、周囲の人をその光、その色で染めてしまうような、特別な力のあるオーラをまとっていらっしゃいますよね。美輪さんからオーラが消えることなんて、ちょっと考えられません。それがつまり、「スター」なのです。そして、そういう人はもしかしたら接遇者には向かないかもしれません。

ただ、私は最初からオーラが消せるということを意識していたわけではありませんでした。ＶＩＰ担当に選ばれるなど、ほかの人とは違う機会をいただくことが重なったころ、あるとき、こう聞かれたのです。

「どうして里岡さんは、ほかの人と違う評価を会社からされるのですか？」

そのときは、自分でもなぜなのかわからないのに……というのが正直な気持ちでした。ただ、考えてみて一つ思い当たったのは、私の接遇がもし評価されるのだとしたら、オーラを消せるところではないか、ということだったのです。

ＣＡはみな、プロとして接遇の仕事をしていますから、まわりから認められたい、喜ばれたいという気持ちが多かれ少なかれあります。ですから、どうしてもサービスをやりすぎる傾向になります。「あれをしましょうか」「これもしましょうか」と、足し算になるのです。盛りだくさんなサービスを受けたいお客さまには歓迎されますが、そうではないお客さまにとってはわずらわしさが先に立って、かえってマイナスの印象を与えてしまうことがあります。

私の場合は、無意識にではありますが、できるだけ自分が発するオーラを消してサービスしていました。

こちらからあれこれと先回りして提案するのではなく、適度な距離感を保ちながらも、相手が欲しいと思ったタイミングで、必要なものだけをさっと差し出す。そのとき以外は、自分の存在はできるだけ消しておくのです。やりすぎない、引き算の接遇です。

私が理想とするスタイルは、お客さまが、サービスされているということをことさらに意識しなくても、気づいたら心地よくすごせていたという接遇です。それは何もしないということではなく、むしろより注意深くならなければなりません。お客さまのちょっとした動作や目線の動きなどに気を配り、察知することが必要です。

そして、相手の気配を読むには、自分のオーラは邪魔になるのです。オーラを消せることの強みは、ここに表れます。

そのようなお話をすると、「でも、まったく気づかれないのも不安だし、気配りをした分、感謝されたいと思ってしまいます。どうしたら節度のある『やりすぎない』サービスができるのでしょう」という質問を受けることがあります。

自分をアピールしないことは、今のような時代では、勇気がいることなのかもしれません。

私の考え方は、とてもシンプルです。私自身が接遇を受ける側になったとき、トゥー・マッチな接遇が好きではないのです。さりげない接遇のほうが好ましく感じます。自分の好きなスタイルを提案しているだけなのです。

自分だったらこうされたいと素直に思えることを実行しているので、嘘のない接遇ができるのだと思います。

ビジネスの現場で自分をアピールしないことは、イコール、黒子に徹することと言えるかもしれません。それはどんな場面でしょうか。社内会議のプレゼン資料をつくるとき、報告書を短期間で仕上げるとき、取引先についてリサーチするとき、さまざまな場面が浮かびますが共通して言えることは、そのほとんどが地道な作業の積み重ねであるということです。

先輩だろうが上司だろうが取引先だろうがクレームのお客さまであろうが、相手を知って、効果的な攻略法を考えて、自分にとって有利な結果を出す。そのための努力を怠らないのがプロフェッショナルです。

「あの人のやることはいつも完璧だ」。そう思われている人は必ず、見えないところで長い時間をかけて努力を続けているものです。

自分自身を「ブランド」に

私の接遇のスタイルはやりすぎないことが基本ですが、単に地味にこなしているだけでは、五千人の中からトップVIP担当に選ばれることはなかっただろうとも思います。

地味に見えても、「この人は、何かが違う」と感じてもらうには、どうすればよいのでしょうか。

以前、こう言われたことがあります。

「里岡さんは、いつ、どこですれ違っても、身だしなみが整っていて、姿勢がよく、さっそうとしていますね」

素直にうれしく思ったのですが、大事なのは、「いつ、どこですれ違っても」という部分だと思います。

お客さまの前に出るときに身だしなみを整えるのは当然のことです。本当の心構えは、それ以外のときに表れます。バックヤード（舞台裏）でも気を抜かない。出勤・退勤の時間帯も勤務のうちと考えて、くだけすぎた服装はしない。そういった日々の小さな心がけを、見る人はちゃんと見ていてくれたのですね。

仕事なのだから、お客さまの前できちんと務めを果たせば、それ以外では多少気をゆるめてもよいのではないかと思う人もいるかもしれませんが、その考えは、接遇を単なる「接客」という狭い範囲でとらえていると思います。

多くの接遇の仕事はチームプレーで成り立っています。飛行機で言えば、パイロット、客室乗務員のほかにも、整備士、グランドスタッフ、空港職員、旅行会社、予約システム担当者など、大勢の人の力があってはじめて、安全で快適なフライトが実現するのです。その人たちすべてが自分にとって欠かすことのできない存在だと思えば、お客さまと同じように丁寧に接するようになりますし、「お客さまの前でだけちゃんとしていればいい」という考えにはならないはずです。

また、いつどんな場面でもきちんとしていることで、「この人となら安心して仕事ができる」という信頼感を得ることにもつながります。周囲との信頼関係がなければ、いざお客さまの前に立ったときに自信を持って振る舞うことができません。

いつ、どこで見られてもはずかしくないように自分を整えておくと、「あの人なら大丈夫」という評価が積み重なって、自分自身が「ブランド」となります。私の場合でいえば、里岡美津奈の接遇が一つのブランドとして認められるということ。それが、「この人は、何かが違う」と思わせるということになったのだと思います。

接遇者としての自分を育てることをある種のブランディングととらえると、自分が力を発揮しやすい環境をみずからつくっていく努力も大切です。

ブランディングというと、高級ブランドからの連想で、自分を高く見積もらせることのように思われてしまうかもしれませんが、そうではありません。ブランドの価値は、一定のクオリティーを担保し、お客さまの期待につねにこたえることです。

自分なりのメモをつくる

飛行機の中のように、お客さまをある場所にお迎えするタイプの接遇の場合、その場所について熟知しておくことも大切です。

CAの場合は、機種ごとに定期的に試験を受けなければなりません。機体について知っておかなければいけない知識を、つねに最新にアップデートしておくのです。

ＣＡには勉強家が多く、私が一緒に働いていたＣＡは、合格ラインの点数をとればいいとは思わず、百点を狙っていました。

接遇というのは評価基準があいまいな仕事ですから、点数がはっきりと出る試験はわかりやすい目標になったのでしょう。合格点を取ることを目標にすれば百点でも八十点でも同じなのですが、みんなパーフェクトへの情熱を燃やしていました。自分で納得できるかどうか、達成感が得られるかどうか。そういうものを大切にしているＣＡが多かったのです。

試験とは別に、サービスについて自主的に勉強したり、情報交換をしたりもしていました。

たとえば、ＡＮＡの国内線では一般席より上の座席クラスがあります。今はプレミアムクラスと言いますが、当時はスーパーシートと言っていました。一般席とスーパーシートではサービス内容が異なり、提供物品も一般席より多岐にわたります。ただでさえ忙しい上に、フライト時間が短い羽田―大阪便で、スーパーシートが満席ともなると、お客さまへの目配りとサービスでまさに時間との戦いです。とくに食事の用意をするギャレーはちょっとした戦場のような状態になるのです。どんな小さな工夫でもいいから、時間を捻出しなければなりません。

たとえば当時、ボーイング747SRのスーパーシートは二階客室にあり、カップとソーサーのドロアー(引き出し)が入っている場所がエアーチラー(冷却装置)のそばで冷えてしまっていました。そのため、入れっぱなしにしておくと、カップが冷えて、飲み物がぬるくなってしまいます。しかし、温めて準備する時間はフライトタイムからいってありません。ですから、あらかじめそのドロアーを出し、他の場所に移すことが上空でのサービスを効率的にすすめるカギでした。

「ブランケットや新聞は、お一人ずつにお聞きして手渡したいけれど、それでは間に合わないでしょう。ワゴンに載せてご自分でお取りいただくようにしたらどうかしら」

CAたちは、時間を見つけては集まって、それぞれの工夫を教え合いました。私も新人のころ、先輩たちにたくさん「フライトの知恵」を教えてもらい、すべてメモにして、ポケットにしのばせていました。スーパーシートの担当になったとき、そのメモ通りに準備したら本当にうまくいって、「すごい!」と感動したものです。

CAは、なにか特別な才能や技能が必要な仕事ではありません。接客サービス業の多くもそうだと思います。だからこそ、モチベーションを維持し、努力できること自体が才能なのだと思います。

まんべんなく目を配る

お客さまの「ありがとう」の一言は、接遇の仕事をしていてもっともうれしい瞬間の一つです。私のサービスを心地よく受けてくださったと思うと、自然にうれしくなってしまいます。

では、お礼状をたくさんもらう人がよいサービスをしているのかと言うと、それはちょっと違います。

お礼状をもらうサービスは、ある特定のお客さまに尽くせばいいのですからある意味簡単なのです。

けれども、プロの接遇者は多くの場合、たくさんの人に一定以上の満足を与えるのが仕事であって、誰か一人に一〇〇パーセント以上の満足を与える仕事ではありません。

お礼状をよくもらう人の現場での仕事ぶりを実際に見てみると、一人のお客さまに意識が集中してしまいがちで、視野が狭いタイプだということはよくあります。

たとえば機内に受験生がいたら、「がんばってくださいね」とメッセージカードに書いて手渡すというサービスを積極的に行うCAもいました。本人は純粋に応援する気持ちなのでしょうし、その受験生には喜ばれるかもしれませんが、そのあいだ、ほかのお客さまへのサービスはどうしているのでしょうか。

お年寄りがいらっしゃるとつきっきりになる。赤ちゃんや小さなお子さんがいたら絶えず気にかける。たしかに、そのおばあさんや子どものお母さんからはお礼状が届くでしょう。

けれども、ほかのお客さまが手を上げているのに気づかない、気づいた別のCAが遠くのほうからあわててサービスにうかがう。これでは、プロの接遇者として優秀だとは言えません。お礼状は評価のバロメーターにはならないのです。自分が受け持つエリアを前後左右、全方向にまんべんなく目を配り、お客さまのわずかなサインも見逃さない、そんな基本的な動作が高品質のサービスを生む第一歩なのです。

気をつけたい謝罪のことば

「謝りかた」について、接遇者に知っておいてほしいことがあります。

それは、「謝りすぎないことも時には大切」だということです。

そう言うと、ちょっと意外に感じるでしょうか。言い換えると、むやみにへりくだらない、下手《したて》に出すぎない、ということです。なぜなら、言葉は、人間の心理にダイレクトに影響してしまうからです。

チーフパーサーにはいろいろな情報が入ります。あるとき、フライト前に私のメールボックスに「イン・チャージデスクまで来てください」というメモがありました。その日のフライトで何か伝える情報などがあるときに立ち寄るデスクです。

行くと、担当の男性管理職から、「昨日の羽田—金浦《きんぽ》便のフライトで、乗務のCAの対応に不備があり、ビジネスマンのお客さまから、クレームを頂戴しました。その後、僕が電話で対応したのですが、その方のご立腹が未だ収まらないので、急きょ、明日の金浦からのフライトのチーフパーサーを里岡さんにお願いして、そのお客さまに対応していただきたいのです。そのために明日のスケジュールを変更させてください」という、スケジュール変更かつクレーム対応というミッションでした。管理職の男性も大変申し訳なさそうにしています。もちろん、私は「わかりました。金浦便に乗務します。どのようなクレームで、機内での対応とその後の電話での応対はどのようなものだったのでしょうか?」と尋ね、おおよその状況がつかめたところで、管理職から「明日、里岡さんからもう一度、その方にお詫びしておいてください」という依頼を受け、翌日金浦便のフライトに向かったのです。まさにもうこれ以上の不手際が許されない状況でした。

金浦から羽田に向かうフライトの搭乗口で、私の顔を一瞬ではありましたが、様子をうかがうように見る男性がいました。私は直感で「この方だ」とすぐにわかりました。どの座席に座られるかはもちろん知っていましたが、確認するまでもなくわかったのです。

チーフパーサーは搭乗中、ドアサイドから離れるわけにいきません。ですから、その方の座席エリアを担当するCAに、「5Cのお客さまの上着をすぐにお預かりしてきてくださいますか」と伝えました。このとき彼女には、「あの方、たしか前にもご一緒したことがあると思うから、あとでご挨拶にいってきます」とだけ伝え、あえてクレームという言葉は使いませんでした。それは、そのお客さまに対して担当CAが「ご立腹のお客さまなんだ！　緊張するなぁ」などと先入観を持ってしまわないようにしたかったからです。

情報はとても大切です。しかし情報の内容次第では、聞かないほうが良いこともあるわけです。もちろん私のように責任者ともなれば情報は知らなければいけませんし、聞いたからといってサービスの品質が下がるようでは、そもそも責任者として失格です。しかしまだキャリアの浅い接遇者であれば、クレーム＝怖いという対応に陥りがちです。私はそのような状況になるほうがリスキーだと判断したわけです。

ご搭乗のお客さまがいったん途切れたところで、別のCAにドアサイドにいてもらい、その方のところへうかがいました。ほかのお客さまがまわりにいないことを確認してから、「○○さまでいらっしゃいますね。本日のチーフパーサーの里岡と申します。どうぞよろしくお願いいたします。行きの便では担当CAの不手際により、お客さまにご迷惑をおかけしてしまい、大変申し訳ございませんでした」。

そこまで言ったところで、隣の席のお客さまがいらしたので、そこはすっと隣の方の上着を預かり、近くにいた別のCAに渡しました。

そして、当該のお客さまには、「どうぞごゆっくりお過ごしください。本日は上空で飛行機が揺れることも予想されますので、お化粧室は今でしたら使えます。このあと混み合うことがあると思いますので、その前にどうぞご使用ください」と今日のフライトの状況をお伝えして、そこを立ち去りました。

ポイントは、隣の座席の方がくる前にお詫びをしたことと、その日のフライトでは揺れることが予想され、上空でベルト着用サインが消灯しないこともあるかもしれないことをお伝えし、今できることとしてトイレの使用について促したことです。

お客さまが全員着席されて、静まっているときにお詫びをしたら、まわりの人から、「あの人、クレーマーなんだ」と思われて恥ずかしい思いをさせてしまうかもしれません。ですから、あえて客室がざわざわしているときに、お詫びを済ませました。そして、万一上空で揺れが続きサービスが行き届かないことがあるかもしれない、ましてやトイレに行けない状況になってしまってはいけませんので、あらかじめご搭乗のご挨拶のタイミングでお伝えしたのです。

物理的な満足と心理的な満足

このエリアの担当CAが、羽田到着が近くなったころ、「チーフパーサーの里岡とお知り合いだそうですね」と何気ない会話の中でこのお客さまにお伝えしたのです。このお客さまはこのとき初めて、「あっ、僕はほかのCAに自分がクレーマーだと思われていないい」とほっとなさったのではないでしょうか。そして、降り際に、「今日はとても良いフライトでした」との言葉を私に残して、飛行機をあとにされました。

このときのケースからもわかるように、お詫びは一回、きちんと丁寧にすればいいのです。あまり何度も謝っては、逆に不愉快なことを思い出させてしまうし、それほどひどいことをされたのだという記憶をより強く残してしまうことになります。ましてや、謝るばかりでサービスが行き届いていなければ、ますますお客さまは窮屈に思うだけです。

こうしたときは、極端にその方を特別視することなく、けれども、ぬかりのない準備と、それを感じさせないスマートな対応が大切になります。物理的な満足と心理的な満足をさりげなく提供できることが一流の接遇者に求められるのです。

もう一つ、機内でよく遭遇する場面として、雑誌のリクエストを受けた場合、ほかのお客さまのところにすべて行き渡っていて、すぐにお持ちできない場合があります。ここで重要なことは、お客さまにどれだけ演出的な時間を提供できるか、ということです。

このようなとき、「ほかのお客さまから戻るまでお待ちください」と言ってそれきりではいけません。もし、十分、十五分お待たせするようでしたら、途中経過を入れて、あとどのぐらいかかりそうかをお伝えし、その間、違うものをお楽しみいただくなど、待たされた時間も楽しめた！　もっと言えば、待ったからこそこれができた！　という演出による価値までお客さまに差し上げられたら、それは間違いなくプロの接遇です。できる限りお客さまのリクエストに即座にこたえるようにすることは大前提ですが、すぐにおこたえできない時であっても機転の利いた別のサービスの提案をすることで、お待ちいただく時間に付加価値をつけることもできるものです。まさにこれもサービスの醍醐味のひとつです。

お待たせする物理的な時間を、演出的な時間にする——安心と満足を提供するという点からも大切なことです。

【コラム3】 習慣の違いと挨拶

日本人と西洋人のちょっとした習慣の違いでおもしろいのが、「立ち話」です。

日本人同士で会話がはじまると、「立ち話もなんですから」という感じで、どこかに席を見つけて腰を下ろしますね。

西洋人の場合、ずっと立ったまま話していることはめずらしくありません。

映画やテレビドラマなどでも、コーヒーカップを持ったビジネスマン同士が立ち話をしているシーンがあると思いますが、ちょうどあんな感じです。

ちょっとした打ち合わせぐらいだったら、デスクの端にちょっと腰掛けたり、背の高いカウンターテーブルに軽く寄りかかったりしたままですませてしまうのが彼らのスタイルなのです。

機内でも、立ち話をする外国人のお客さまはけっこういらっしゃいました。

問題は、座るように促すときです。

「お座りください」と直接的に言うのは失礼になります。

私はこんなふうに言っていました。

「何かお飲み物でもお席にお持ちしましょうか？」

ドリンクをサービスすることで自然にご自分の席へ誘導するわけですね。

CAは接遇者であると同時に飛行機の保安要員ですから、お客さまにできるだけ安全対策をとっていただくことも必要です。けれど、警官ではありませんから、ピピーッと取り締まるわけにはいきません。心地よさを損なわず、気持ちよくご協力いただく。それが腕の見せどころの一つでもあるのです。

手荷物一つでも、お客さまが足下に置いているのは、足下に置きたい理由があるからです。マニュアルだからと間髪入れずに「お荷物を上にお入れしてよろしいですか」と聞いてしまうのは、やはりこちらの都合だと思うのです。

「上空でお使いになるものがございますよね」

こう一言添えれば、お客さまも、「ああ、わかってくれているなあ」と感じるわけです。

短い時間でも心を通わせる。それがある程度できた上で、「上空に行ったらまたすぐにお出しいたしますので、離着陸時だけ上に入れさせていただいてもよろしいですか」と続ける。あるいは、「横に倒してもよろしければ、前の座席の下に入れることもできますけれど、どちらにいたしましょうか?」とか、「必要なものだけお出しになったら、上の物入れにお入れしましょう」とか、いろいろな対応が可能になります。

「お荷物をお入れしてよろしいですか」というのは一見丁寧な言葉遣いですが、その実はやはりお客さまにお願い事をしているのですから、いきなり言われるとかちんとくるものです。

ここでも、挨拶を上手に使うのも一つの方法です。私の場合、「こちらの担当の里岡と申します。今日はどうぞよろしくお願いします」と申し上げたあと、ふと足下に目をやって、「あら、お荷物が……」とあたかも今気づいたかのように言うこともありました。

「ごっこ遊び」というと子どもの遊びのようですが、何かのふりをする、まねをするというのはつまり相手の立場に立つということで、ちょっとした演技、芝居っ気も接遇者のスキルの一つかもしれません。

2. ハイブリッドなおもてなしでプライベートも洗練度アップ

日本流、西洋流をブレンド

「おもてなし」は、英語では「hospitality（ホスピタリティー）」と訳されます。けれど、辞書を見るともう一つ、「entertainment（エンターテインメント）」という単語を見つけることができます。

ホスピタリティー＝受け入れること

エンターテインメント＝楽しませること

二つの単語は、日本流と西洋流のおもてなしのニュアンスの違いを表しているようで、とてもおもしろいですね。

日本流のおもてなしは、「表無し」の文字通り、表に出さないものです。

相手の目に入らないところでさまざまに心をくだき、準備をして、さりげなくしつらえてお迎えするのが日本の美意識。「なぜかわからないけれど、とてもリラックスして、心地よく過ごせたね」と思ってもらえたら成功です。

その原点には、茶道の精神があると私は思います。

茶の湯とはまさにおもてなしの心。お道具の選び方、お軸、花入れ、そこに生ける季節ごとの花など、すべてが客人をもてなすために意味を持って選ばれ、しつらえられます。茶道が追い求めるのは、用意周到に準備された完璧な小宇宙。父が茶道をたしなみましたので、私も幼いときから茶の世界に親しみ、教えられたことが大きな財産になりました。

それに対して、西洋流のおもてなしには、サプライズがつきものです。「やられた！」という驚きも含めて、根っこにあるのは、相手を楽しませたいというサービス精神。当然、プレゼンテーションも、「どう？　見て！」とばかりに、華やかで、にぎやかなものになります。おもてなしは社交の一つ。一緒に楽しみましょう、というのがパーティー文化の彼らの基本スタイルです。

ヨーロッパでは古来、広場やサロン、カフェなど、人が集まる場所から文化が発展していきました。そこに必要なのはとにかく活気があることです。完璧なんて求めない、何かが足りないことも楽しんでしまえばいいから、というスタンスです。私が彼らの文化やマナー、日本人とは違う発想などを知ることができたのは、たくさんの欧米人の友人のおかげです。

CAとしては、やりすぎない接遇が私のスタイルでした。お客さまがことさら意識することなく、気づいたら心地よく過ごせていたと思っていただくのが理想。これには、私が日本人として自然に持っている、ホスピタリティーの精神が反映されていると思います。

飛行機を離れた場面では、エンターテインメントを提供するような、サービス精神にあふれたおもてなしも大好きです。親しい人たちを招くときなど、どんなふうにしたら喜ぶ顔が見られるだろうと、張り切ってプレゼンテーションを考えます。

個人として言えば、こちらのほうが好みかもしれません。なぜなら、人と喜びを分かち合うことに無上の喜びを感じるからです。自分も楽しみたいし、相手にも楽しんでほしい。完成度を高めるような日本流もいいですが、ライブ感のある西洋流はやはり楽しいと思います。だからといって、サービス精神にあふれすぎると、私にはやりすぎに思えてしまうので、微妙なところなのですが。

今は、ビジネスの世界はどんどんグローバル化されていますから、日本人でも西洋の文化やマナーに精通している人が多くなっていますね。そういう人には、ちょっとサービス精神を多めに盛り込んだ接遇が喜ばれることもあるでしょう。また、たとえば商社の人たちの外国人のお客さまへの接待などを見ると、あえてオリエンタリズムを上手にプレゼンテーションしつつ、相手を楽しませていて、さすがにお上手だなと感じることがあります。日本流のおもてなしの心、西洋流のサービス精神、どちらかに軍配を上げるのではなく、どちらも持っていて、その二つをうまく使い分けたり、ブレンドできると、接遇はより洗練されていきます。

人を楽しませるユーモアと知恵

私が受けた感動的なサプライズでいちばん印象に残っているのは、香港でのできごとです。

私は香港が好きでよく訪れるのですが、そこで知り合った中国人の友人がいます。名前はトーマス。ライフスタイルは完全にイギリス流。大陸のアグレッシブな気質と、オックスフォードで学んだインテリジェンスがハイブリッドされたような人物で、世界中で貿易業を展開するビジネス・エリートです。

数年前、トーマスが私ともう一人の共通の友人をパーティーに招待してくれました。

半島と島々からなる香港は、水上交通がよく利用されています。九龍地区と香港島を結ぶ航路は観光ルートとしてもよく知られていますね。

夕食の場所までは船で移動するというので、身支度を調えて、ホテルから指定されたポートに向かいました。船着き場に到着しましたが、トーマスの姿が見えません。男性が一人、近づいてきます。

「美津奈さんですね。トーマスさんから聞いています」

船に案内されて私と友人が乗りこむと、船が動きはじめました。「トーマスはどこに?」と尋ねているうちに「ああ、これはトーマスの演出なんだ!」と気づきました。

船は香港島をぐるりとめぐっていきます。ちょうどサンセットの時刻。夕景から夜景へと移り変わる香港の景色は、それは美しく、ロマンチックでした。

本来招待されたのはディナーパーティーですから、私たちのためにクルーズを手配する必要はまったくないわけです。それでもトーマスは、わざわざ日本から出向いていった私たちのために、クルーズと香港の夜景をプレゼントしてくれたのです。

ポートに戻ると船の操縦士が今度は運転手になって、パーティー会場のレストランへ連れていってくれました。レストランに入るとすでに人が集まり、ざわめいています。私たちもほどよく気分が高揚していますから、さあ、楽しもう、という気持ちで輪に入っていけます。出迎えてくれたトーマスとも、さっそく話がはずみました。

ここまでスマートで完璧だと鼻白む向きもあるかもしれませんが、トーマスのルックスは、ジョージ・クルーニーではなく、毛沢東を若くしたような感じです。外見だけ見ればけしてスマートとは言えないのですが、知性と人間的な魅力で、男女問わず多くの人を惹きつけてしまうのです。

ユーモアがあること。

知恵があること。

人を楽しませることを知っていること。

これが本当の知性ではないかと私は思います。

トーマスはビジネスでも成功していますが、たとえお金がなくても人を楽しませようとするでしょう。サンセットクルーズのような贅沢なことはできなくても、人を楽しませよう、驚かせようという気持ちは、まねしたいと思います。

四季折々のしつらい

四季の移り変わりや自然の美しさといった、日本の情緒を愛するようになったのは父のおかげです。

建築家の父は造形、デザインの美しいものが好きで、わが家にはたくさんの骨董や古美術がありました。お茶をたしなんでもいましたので、季節ごとに掛け軸を替え、花を活けるような生活でした。

お軸や花器は二階の納戸に収めてあったのですが、父がとんとんと階段を上るたびに私もついていって、「みっちゃんはどれがいいと思う?」などと言いながらいろいろ見せてくれる父の話を聞いていました。紐で結ばれたいくつもの桐の箱。添えられている墨の文字。なんだかよくわからないながらも飽きずにずっと見ていたことを覚えています。納戸にはひな人形もしまわれていて、桃の節句が近づくとまた二階へ上がり、花壺を選ぶ父のそばで、一体一体、ひな人形を取り出すのが楽しみでした。

四月になれば、「かきつばたにしましょう」とまたしつらいを替えます。「どうして?まだ五月になってないよ」と聞くと、「こういうものは、季節を少し先取りするものなんだよ」と教えてくれました。

私の出身地の岡崎から西、愛知県知立《ちりゅう》市八橋には、かきつばたの名所があります。ここのかきつばたを見て、平安の歌人在原業平が「からころも　きつつなれにし　つましあればはるばるきぬる　たびをしぞおもふ」と詠んだと言われているところです。季節になると毎年訪れては、そんな話を聞いたり、かきつばたとあやめの違いを教わったりしました。

岡崎城の満開の桜や、見事な藤棚も、毎年欠かすことのできない家族の楽しみでした。自然が与えてくれる感動は、何度見てもしみじみと、心を揺らしてくれます。四季の移り変わりをいとおしむ日本情緒は、香港の一〇〇万ドルの夜景とはまた違う、日本が誇るべき文化です。

私の場合、両親のおかげでごく身近にあるものから自然に身につけることができたのですが、それがのちにCAとなったときにとても役に立ちました。

日本を旅する外国人のお客さまの中には、日本人よりも日本についてずっと詳しい人が多いのです。そして、日本人があまり日本のことを知らないということもよく知っています。ですから、「あなたは日本のことに詳しいですね」と、よく驚かれました。なんだかおかしな話ですが、日本の文化を紹介することで喜んでいただくと、本当にうれしい気持ちになったものです。

日常から離れられる場所をもつ

親しい人へのおもてなしは、プロとしての接遇やビジネスの接待のやり方とは違う考え方が必要です。

CAの接遇は、大勢のお客さまとの一期一会。短い時間で、ミスなく、すべてのお客さまに一定以上の満足を得ていただかなければなりません。

一方で親しい人へのおもてなしは、これまでのその人との人間関係の歴史によって、どんなおもてなしがふさわしいかも変わってきます。

豪華なレストランよりも心をこめた手料理や、水入らずの親密な時間のほうが喜ばれるかもしれませんし、ほんのささいなものでも共通の思い出につながる品なら特別なギフトにもなります。

プライベートでのおもてなしは「この人をもてなしたい」と思う人をお誘いするわけですから、CAのように「受け入れる」「迎え入れる」おもてなしとは違って、「自分から働きかける」おもてなしと言えるかもしれません。

ではどういうときに相手に働きかけるのでしょうか。私の場合、その人が「なんとなく元気がないな」「疲れているのかな」と思ったタイミングでお誘いすることが多くあります。

この人を元気づけるには、何がいいのだろう。そう考えると、おいしいものを一緒に食べに行きたい、きれいな景色を見せてあげたい、一緒に体を動かすのはどうだろう、などとおもてなしのプランが次々に浮かんでくるのです。

そんなときによく利用するのが、親戚のもつ長野県にあるコテージです。標高一三〇〇メートル、夏でも涼しく、湿度が低くさらっとしているのでクーラーなしでもとても過ごしやすい場所にあります。そこを訪れて、森の緑に囲まれているだけで、体がリフレッシュされるように感じます。

食事は、とれたての夏野菜を産直市場でどっさり買いこんでつくります。新鮮な素材でつくったラタトゥイユをおいしい空気のなかで食べれば、それだけでもう立派なごちそう。行ってすぐにたっぷりつくっておけば、翌日はスープやパスタにするなど、何にでも使えて、しかも安上がりです。

一緒にお買い物をしましょうと市場に行った時点で、もうエンターテインメントははじまっています。ズッキーニだけでも、グリーン、イエロー、オレンジと色とりどりに並びます。その日の朝とれたつやつやのトマト、ナス、パプリカ。西洋かぼちゃも、大きかったり、かたちがいびつだったり、おいしそうなフルーツがたくさんあったり、見てまわるだけでうきうきしてきます。

三ツ星レストランや高級料亭に負けないおもてなしになると思いませんか。

宿泊費もかかりませんから、リゾートホテルに滞在するよりもよほど安くお招きすることができます。コテージを持つのも一つの知恵。もちろん購入費用にメンテナンスにと考えれば誰にでもおすすめできるわけではありませんが、たとえば、居心地のいいプチホテルを見つけて定宿にするとか、気兼ねなく過ごせる場所を自宅以外に一つ持っておくと心のゆとりが生まれます。自分にとって居心地のいい場所を、日常とは別の場所に持っておくと、おもてなしにもきっと生きると思います。

プレゼン上手はもてなし上手

わざわざ長野までお招きするからには、「こういうすばらしい体験をシェアしたい」という気持ちがあるわけですが、誘い文句が魅力的でなければ相手はのってきてくれません。

私はそのコテージへ行くと、ノルディックウォーキングに出かけます。

ノルディックウォーキングをご存じでしょうか。二本のポールを持って行うウォーキングで、ふつうに歩くよりも運動効果の高いエクササイズとして、日本でも愛好者が増えてきました。けれどまだまだあまり知られているとは言えません。

たとえばこれがゴルフやテニスにお誘いするなら簡単なのですが、「ノルディックウォーキング？　それって何？」という感じなのです。

そういう相手の知らないレジャーにお誘いするときこそ、あの手この手の誘い文句を考えます。

「緑の濃い夏の森の中を、木漏れ日を受けながら歩いていくと、渓流の流れる音が聞こえてきます。少し空気がひんやりしてきたら、水辺に出るんです。国道に戻って少し行くとかわいらしいギャラリーがあって、クラフトの作家さんの作品も見られますよ。そうだ、カフェでお茶もしましょう。

ポールを持って歩くと、足腰の負担を軽くする効果があるんですよ。背筋が伸びて、颯爽と歩くのは気持ちがいいものです」

なんていう具合にお誘いすると、女性はほぼ一〇〇パーセント、男性でもほとんどの人が、「行きたい」と言ってくださいます。

プレゼン上手はおもてなし上手。上手にお客さまをその気にさせてあげるのも、もてなす側の腕の見せどころです。

寄り道がはぐくむ感性

私の経験では、女性よりも男性のほうが未知の体験を億劫がる人が多いような気がします。それに対して女性は楽しむことが本当に上手。知らないことやはじめてのことをいといません。

長野にお客さまをお招きしたときも、男の人には森林浴やウォーキングに誘い出そうとしても、「留守番しているから、行ってきたら」と言ってやんわりと断るタイプの人がいます。

出かけた先でいろいろ楽しみを見つける才能も女性のほうがありますね。散歩の途中で、地元の食材やジャムなどを売っているお店があれば入ってみて、あれこれと品定めをしながら「ちょっと味もたしかめる?」ということにもなって、そこでひとしきり楽しむことができます。

まっすぐにゴールを目指すのではなく、楽しいこと、かわいいものを探しながら歩く。

こうした女性ならではの行動を、私はとてもすばらしいと思っています。女性の感性は、そういうところで養われるものだと思うのです。

男性がこうした女性の行動がちょっと苦手というのもわかりますから、「女性陣だけで行っておいで」と送り出してくれる男性もいいなと思いますが、女性らしい寄り道やおしゃべりをはなから相手にしなかったり、「またそんなもの買ってきて」などと興醒めするようなことを言ったりするのは、ちょっと残念です。

そうなってしまうのは、その場の雰囲気を一緒につくっているのだという意識があまりないからではないでしょうか。

帰ってきたあとに、こんなことがあった、あんなことがあったという女性たちのおしゃべりを、「そうだったんだ、よかったね」と興味深そうに聞いてくれる。買ってきたものを自分も一緒に味わいながら「おいしいね」と言ってくれる。そんな男性は、きっと人を楽しませることも上手な人なのだろうなと思います。

夫婦関係を修復する「ありがとう」

長野のコテージにお招きしたお客さまで、ちょっとした奇跡が起きたことがありました。

ご夫妻でお招きしたお客さまだったのですが、ふだん奥さまと買い物になんて行かないという旦那さまと、毎晩帰りの遅い旦那さまに不満がたまりがちな奥さま、という四十代のカップルです。

以前、奥さまのほうから、夫婦のあいだがうまくいってないと悩みを漏らされていたので、これは一度コテージで過ごしていただこうとお誘いしたわけです。二人は犬猿の仲というわけではなかったのですが、夫婦の会話はほとんどないようでした。

いらっしゃる前に奥さまとお話ししていたときに、こう聞いたことがありました。

「ご主人に『ありがとう』と言っていますか?」

すると、「そんなこと、間違っても言えないわ」という返事。言ったこともないし、いつ言えばいいかわからないし、第一、恥ずかしい……。

そこで、私は奥さまにある方法を伝授しました。

それは、「ご主人に『ありがとう』と言わざるを得ない場面をつくる」ということです。

レストランでお水が欲しいとき、ウエイターを呼んで「お水をください」と言いますね。

それを、自分で呼ぶのではなく、「お水を頼んでくれない?」とご主人にお願いしてみてください。そして、お水が運ばれてきたら、必ずご主人に「ありがとう」と言ってみてください、そう提案したのです。

しっかりものの奥さまは、自分で主導権を持ってものごとを進められる女性でしたから、なんでも自分でできてしまう分、ご主人に甘えたり頼ったりすることもないように見受けられたのです。私の提案にはじめは戸惑っていましたが、とりあえずトライしようと思ってはいただけたようでした。

女性は、男性がふだん言わない愛や感謝の言葉を口にすると、素直に受け取れず、「気持ち悪い」「どうしちゃったの」というふうになってしまうのですが、男性はとても素直です。女性に「ありがとう」と言われたら、それだけでうれしくなって、サービスしてしまうものなのです。

そして、数日を過ごしたある日。

山に行くとき、二人が自然に手をつないでいたのです。

私はひそかにそれに気づいて、わあ、ステキ！　と、うれしくなってしまいました。明らかに、二人の距離がぐっと近づいていたのです。会話も弾んでいる様子です。

お誘いしてよかったなと思うのはそんなときです。自分の身近な人にもハッピーでいてもらいたい。幸せそうな二人の姿を見て、私まで幸せな気持ちになりました。

男女の心理のちがい

長年の接遇の経験から、私は、男と女はやはり違う生き物だと思っています。

接遇には、お客さまの小さなサインを見逃さないことが必要ですが、この、「サインに気づく」という点では女性の方が得意です。

「どうして彼は私の気持ちをわかってくれないのかしら」と悩んでいる女性は大勢いると思いますが、男性とはそういうもの。いくらほのめかしても、口で言わなければ、髪を切ったことに永遠に気づかないのが男性なのです。これは男性が悪いのではなく、これこそが「男女の違い」なのです。

たとえば女性は、つらかったり落ち込んだりしたときに、恋人やパートナーに話を聞いて欲しいと思いますよね。

「こういうことがあって、こんなにつらい思いをしたの」と話せば、相手は「うんうん」と聞いてはくれるでしょう。さあ、これだけ言ったのだからわかってくれただろう、慰めの言葉の一つもかけてくれるだろうと思ったら大間違いです。

「それで?」

と反応するのが男性です。

「ええっ⁉　どうしてわからないの⁉」

ああ、またケンカがはじまってしまいます。

女性からのアプローチでできること、それはつらい状況を訴えるのではなく、具体的にして欲しいことを伝えることです。たとえば、つらい状況を訴える代わりに、「今ちょっと落ち込んでいるから、抱きしめてくれたらすごくうれしいんだけど」と言ってみてください。すぐに抱きしめてくれるはずです。だって、あれこれと考える必要がないのですから。

自分の気持ちを言うのではなく、こうされたいという行動を直接リクエストすること。そのときに「うれしい」という言葉を必ず添えて。

反対に考えれば、同性から見て「なぜ、この女性がモテるのかしら」と思われるようなわがままな女性が、男性にモテる理由もわかりますよね。

彼女たちは、男性がどう言われると喜ぶかがわかっていて、「私、こうしてもらえるとうれしい」と具体的に言えるのです。わがままな女性ほどモテるのは、わかりやすいからなのです。しかしそのわかりやすさが同性からの反感を買ってしまうわけですが……。

髪を切ったことにも気づかない男性が、「彼は忙しくて、疲れているのだから、あまりわがままを言ってはいけない」という女性のけなげな気遣いに気づこうはずがないのですから、淑女のみなさんには受難です。

冗談めかしてお話ししましたが、男性と女性の心理のちがいは、接遇やおもてなしの機微にも応用がきくということです。一人の人間の中にも男性成分と女性成分は両方ありま す。自分はどれぐらいの割合でミックスされているのかしら、あの人はどうかしら……そう考えてみるのもおもしろいですね。

私が受けた理想のおもてなし

私が感銘を受けた二人の接遇者についてお伝えしたいと思います。

最初の一人は私が二十代のころに出会った男性です。

当時の私からは随分年上に見えましたが、彼は四十代なかばぐらいだったかもしれません。たった一度サービスを受けただけですが、彼のたたずまいは私が理想とするイメージの一つとなっています。

オーストリアのウィーンから列車で一時間ほど行ったところに、バーデンという温泉地があります。かつて皇帝の保養地だったという歴史のある町です。皇妃エリザベートも滞在したというホテルがあって、休暇でオーストリアを訪れたとき、そこに宿泊しました。

そのホテルのメインダイニングのチーフソムリエのサービスに、若い接遇者だった私は、ハートをキャッチされてしまったのです。

口数は極端に少ないのですが、ワインや料理について質問をすると、的確で簡潔な答えが返ってきます。けして出しゃばらず、会話の邪魔にならない。大人を感じさせるシックなサービスに、はじめて触れました。

間のとりかた、距離感、タイミング、どれをとってもほれぼれとするほど完璧です。帰り際にそのことを彼に伝えました。すると、彼ははじめて笑って、「ダンケシェン」と一言言うと、また淡々と仕事に戻っていきました。ふつうは、褒められたら有頂天になって、余計なこともしゃべってしまうものですが、チーフソムリエは、ほんの少しも浮かれるそぶりは見せませんでした。

彼に会って、私はこういう接遇者になりたいと思いました。

私の接遇のスタイルはそこから変わったと思います。

それまでは、アメリカナイズされた、ある程度パフォーマティブなサービスがいいサービスだとどこかで思っていた気がするのですが、オーセンティックな（正統派の）、ヨーロッパナイズされたサービスに挑戦していこうという意識が芽生えました。もちろんヨーロッパスタイルをコピーするのではなく、日本のよいところを残したうえで、と同時に思いました。

先に、接遇者には女性が多いと書きましたが、ヨーロッパでは最高級のサービスは男性がサーブするものだと言われています。日本のおもてなしの原点である茶道も、長く男性のたしなみとして洗練されてきました。

そういう一部の分野を除いては、日本では男性のサービスパーソンの活躍の場は限られているように思います。けれどそれは反対に、男性のパーソナルクオリティーは、女性に比べるとまだまだ磨く余地があるということでもあります。

お手本にしたくなるような接遇者は、五ツ星ホテルにだけいるのではありません。

もう一人ご紹介したいのが、私の住む近所にある天ぷら屋さんのおかみさんです。彼女も、私にとってのカリスマの一人です。もう二十年ほど通っているお店です。

ご主人と二人で切り盛りしているお店なのですが、八人ほどが座れるカウンター席と、テーブル席が二つ。おかみさんはホールを一手にまかされています。お手伝いやアルバイトの姿は見たことがありません。満席になるとサービスは相当大変です。

天ぷらを揚げるご主人としては、揚がったらすぐにお客さまに食べて欲しい。勢い、「もたもたするな！」ということになるわけですが、そう言われても無理なのです。前のお客さまのお皿をまだ出し終わってないし、そうしているあいだにもお客さまに呼び止められるのですから。

しかし彼女は、職人気質のご主人の厳しい言葉に決して嫌な顔をしないのです。何か言われても「はいっ！」と笑顔で応じます。お客さまに「すいませーん」と呼ばれたら、たとえ手がいっぱいですぐに行けないときでも、「少々お待ちください」とは言わず、「はい、ただいま！」。その言葉遣い一つで、待たせてしまうのは同じだとしても、待たされるほうの気持ちが変わってくるのです。

ふつうならムッとするような厳しい言い方をご主人にされても、お客さまの前では嫌な表情を見せない。それどころか、笑顔で答える。それを徹底できるのは、自分が少しでも表情を曇らせたら、お客さまにどういう思いをさせるのかということをよくわかっているからです。そこで険悪な雰囲気になったら、もうそのお店に行くのはやめようと思ってしまいますよね。

毎日毎日、お店に立ってお客さまに接しているその経験の積み重ねから、彼女なりにつくりあげてきた接遇のスタイルなのだと思います。そのプロ意識にはいつもすばらしいなと感心させられます。

私は仕事柄、サービスを受けたくなるような接遇者をついつい探してしまうところがあります。完璧でなくても、この人のこういうところがいい、こっちの人はこういうところを真似したいというようにお手本を探すことを、ぜひ習慣にしてみてください。「よい接遇とは何か」ということを考えるトレーニングにもなるはずです。

もてなされ上手になる

サービスを受ける経験も、サービスをする側にはとても大事なことです。

自分がサービスを受けて、どう感じるか。違う業種のサービスは、自分の仕事とどう違うのか。何か生かすことはできないか。そういう感性のアンテナを常日頃から磨いておかなければなりません。

イギリスの一流ホテル、サヴォイには、毎日、世界各国の紳士淑女が訪れます。そのいわば世界の一流の人々をもてなす人も、場所や場面が変われば紳士淑女になることが求められます。なぜならば、接遇者自身が一流を知らずして相手の気持ちに添うサービスを提供、提案できるはずがないからです。

それらを知らずに、たまたま偶然、感動をあたえるサービスが提供できることがあるかもしれませんが、その精度確率は著しく低いことでしょう。相手の期待の高さを毎日超えることは、至難の業です。もてなす側もてなされる側も、つねにその場の最高の空気をつくりあげるのにかかせない存在なのです。

紳士淑女が集まる場にふさわしい人物なのかどうか、お客さまのほうも試されているということです。高級ホテルやレストランに明示的、暗示的にドレスコードがあるのはそういうわけなのです。

もてなす側も、自分がもてなしている相手の喜ぶ顔や、一緒に過ごす楽しい時間を共有することで、じつはもてなされているのです。おもてなしに、一方通行はありません。

「あのお客さまが来てくれてうれしいな」と思われるように振る舞ってみる。素敵なお客さまになることを意識する。それが「もてなされ上手」になる極意です。どこに行ってもちょっといいサービスをしてもらえる、そんなお客さまになりましょう。

【コラム4】 贈り物上手になる

贈り物は、もらう人にとってはもちろん、贈る人にとっても楽しいものです。

私が贈り物を選ぶときにイメージするのは、そのモノが、その人を幸せにしてくれるかどうかということです。そう考えるとやはり、質の悪いものやジャンクなものは贈りたくありません。ジョークとして笑えるプレゼントも、ときにはいいですが、長く手元に置いてくださいねというメッセージにはならないのではないかと思います。

女性から親しい男性への贈り物としておすすめしたいのはペンです。ぜひネームも入れて、世界でたった一つのペンを贈ってみてください。万年筆でもいいのですが、使い慣れていないと使わなくなってしまいますので、ボールペンなどがほどよいと思います。

何でも電子化されている時代だからこそ、ペンを使うのは、その人にとって大切なシーンです。重要な書類や一生にかかわるものにサインをするときかもしれません。電子メールではなく、きちんと手紙をしたためたいときかもしれません。

そういった大事なときに、このペンで綴る文字があなたに勇気を与えてくれますように。このペンで書く言葉がポジティブなものでありますように。

そんな気持ちを込めて、私は大切な方に贈ります。

安価で便利なものは山のようにあります。便利さだけなら使い捨てで十分。多色ボールペンでも全然構わないのですが、そういうものは一生もの、大切なものとして扱わなくなってしまいます。なくしても簡単に代わりが手に入るものは、なかなか大切にされません。便利すぎるものは人をなまけ者にしてしまうと思うのです。やはり、いいものを長く、大切に使う人が本当の意味の豊かさを知っている人だと私は思います。

そして、いいものを贈るということは、「あなたは大切な人」「価値のある人」というメッセージも同時に伝えるということなのだと思います。

ぜひ、贈り物上手になってください。

第3部

おもてなしの体

1. 姿勢を伸ばし、お腹から発声「なりたい自分」をイメージする

「パーソナルクオリティー」を高める

接遇の仕事において、「商品」とは何でしょうか。

提供するサービス？　売っているモノ？　もちろんそうです。

レストランなら食事ですし、ブティックなら洋服です。カーディーラーなら自動車。けれども、同じ自動車を売っても、セールスマンによって売上が格段に違ってくるのが、接遇のおもしろいところです。接遇と、商品・サービスは一体なのです。

CAをしていた私の場合で言えば、商品は「安全で快適なフライト」になります。お客さまの満足度は、誰が応対しても同じということにはなりません。商品そのものの価値は変わらなくても、接遇によって付加価値をつけることができるのです。

接遇者にとっての商品は、付加価値を生み出すもの、つまり「自分自身」です。

心、技、体、どれが欠けてもいけません。すべてがベストな状態でそろったときに、一流の接遇者になれるのです。

特に「体」は、その人そのものを表します。

前の部では「おもてなしの技」として、さまざまなケースを紹介しましたが、サービスを提供する体＝あなた自身に魅力が足りなかったり、付加価値を感じられなかったりすると、技術自体の価値も半減してしまいます。

接遇者として一流になるためには、「この人にやってもらうから価値がある」というところまで到達したいものです。私の唱える「パーソナルクオリティー」とは、あなた自身の価値を高めましょうということなのです。

第一印象は二度ない

私のパーソナルクオリティーコンサルタントとしての最初のクライアントは、ある外資系大手金融会社のアメリカ人男性でした。東京支店に赴任したのですが、日本でコミュニケーションがうまくいかない、何か直すべきところはあるだろうか。そういう相談を受けたのがはじまりです。

当時彼は三十代で、非常に優秀な方でした。東京に赴任する前の実績も申し分ありません。

ただ、彼はビジネスライクなところがありました。日本の新しいクライアントと会っても、雑談もなく、本題に入るようなやり方をしていると言います。日本語は話せるけれど流暢とは言えず、ジョークでその場を和ませるタイプでもない。

身だしなみも、いちおうジャケットは着ているけれどノーネクタイで、足元はいつ磨いたかわからないようなくたびれた革靴。肩にはデイパック。完全にダメというわけではありませんが、褒められるところもありません。

つまり、彼は、「日本人がイメージする、典型的なアメリカ人エグゼクティブ」像からはずれていたわけです。けれど、彼はアメリカ流の実力主義者ですから、そんなことは考えてもいなかったのです。そこですれ違いが起こって、初対面の日本人に「なんだかよくわからない外国人」と思われてしまっていたのです。

「飾らなさはあなたの良さでもあるけれど、日本ではもう少し“pretend”（演技）してみては？」

彼にはそう言って、スタイリングからすべてアドバイスしました。

ダークスーツにネクタイは基本。それも、いきなりバラク・オバマ大統領のように赤いネクタイはやり過ぎです。ブルー系で、細いストライプかドットが日本人には好まれますね。大きな指輪ははずしてみましょう、という具合です。

私の絶対的なポリシーは、「第一印象は二度ない」ということです。言い換えれば、第一印象ですべてが決まる、といっても過言ではないと思っています。

接遇者は必ず見かけで判断されます。特に初対面では「感じがいいこと」がとても重要です。初対面の印象が悪いというのは相当なマイナスになります。

重要なのは、清潔感、品のよさ、健康的であること。

彼からはその後、日本人と徐々にうまくコミュニケーションがとれるようになったとポジティブな報告が届きました。

繰り返しますが、第一印象は二度ありません。はじめて会う人との、ファーストコンタクトには最大限の注意を払うことを心がけましょう。

全身でメッセージを届ける

講演会のとき、私は演台を使いません。

この一時間ないし二時間は、頭からつま先まで、すべてみなさんのものです、という心構えでお客さまの前に立ちます。そして終了まで、立った状態でお話しさせていただきます。

それは、言葉だけでなく、全身を使ってメッセージを届けたいと思っているからです。それぐらい、体が表現するものの力を信じているということかもしれません。

講演会にいらしていただいた方からの感想では、「手の動きが印象的だった」「立っている姿が凛然としていた」というような、立ち居振る舞いについての感想もたくさんいただきます。それは素直にうれしいことです。

思えば、CAをしていたころから、「この機内にいるあいだは、私はみなさんのものです。さあ、どうぞ見てください」と自信を持ってお客さまの前に立てるようにということをとても意識していました。

世間的には、CAは見られてこその仕事だというイメージがあるかもしれませんが、お客さまが眼福を感じるようなCAがどれほどいるでしょう。そこまでの自覚と覚悟を持つのは並大抵のことではありませんが、それを追求してこそ一流の接遇者、私はそう考えています。

じつはCAは、立つ、歩くといった基本動作について時間をかけて訓練を受けるわけではありません。新入時の訓練の中のほんの少しの時間です。美しく歩く、美しく見せることが職務の本質ではないからです。けれど、立ち姿すべてが美しいというのは、接遇者の大事なクオリティーの一つです。ポイントは、それに自分で気づいて、おもてなしのクオリティーを一ランク上げる努力を自発的にできるかどうかなのです。

美しさと言っても、単に外見がよければいいということではまったくありません。ファッションモデルと見まがうようなキレイな身体を備えていても、それだけで魅力になる仕事ではないのです。

接遇者にとっての美しさとは、毎日を丁寧に生きていることが感じられるような、充実した体です。

先日、ある老舗の中華レストランでランチをとったときのことです。ホールに、なんとなく目で追ってしまうような女性が一人いました。

流暢な日本語をお話しになっていましたが、おそらく出身は中国の方だと思います。長く日本にお住まいなのでしょう。年の頃は五十代後半といったところ。太ってはいませんが、年相応に少しふくよかさの出てきたような体型です。

なぜ目を引かれたかと言うと、その女性の立ち居振る舞いに、なんとも言えない気品が感じられたのです。

まず非常に姿勢がいい。頭の位置、首の位置がよく、背筋が自然に伸びています。歩くスピードも、早すぎず、遅すぎず。体の軸がしっかりしているということです。視線の送り方もせわしくない。

私はそういう女性を、素敵だと思います。

なぜなら、生活の中でしっかりとこまめに体を動かして、丁寧に日々を送ってきたのだろうなということが感じられるからです。そういう体は、怠惰さとは無縁です。

その女性からは、この空間を取り仕切っているのは自分なのだという自信と余裕が感じられました。

ビジネスの場面では、仕事に対する責任感があって、見てくれで判断されたくないと思っている人がいます。人からどう見えるかということに無頓着で、会社の廊下を肩や腰を落として足をひきずるようにして歩いていたり、机に座っているときでも背中を丸めてしまっている、そんな体つきでは、「この人は仕事ができそうだぞ！」という感じは伝わってきません。

今の時代、この「感じ」がその後を大きく左右してしまうのです。中味を見てもらう前に、そんなところでマイナスのイメージを持たれてしまうのはとてももったいないことだと思いませんか。あなたが実力を発揮する前に、そのスタートラインに立てるチャンスを知らず知らずのうちに逃していたとしたら、それはとてつもない人生の損失です。

それに、プレゼンテーションの場などで、いざ人前に立ったときに、そのときだけ急に姿勢よく堂々と振る舞おうと思っても、できるはずがないのです。ふだんから身についているものしか、本番のパフォーマンスで発揮することはできません。

頭の中心が垂直にひっぱられるような意識をもって、姿勢を良くするだけで、人の印象はかなり変わります。ぜひ常日頃からよい姿勢を習慣づけるようにしてください。

体には、あなたがどれくらい丁寧に日々を過ごしてきたかが、おのずと表れるのです。今のあなたの体は、誰でもないあなた自身の意識が作ったのです。

いつも清潔で、ぱりっと

第一印象でもう一つ重要なことは、身につけるものです。

接遇の仕事においては、装うことは、自分のためだけでなく、お客さまのためであるという側面が多かれ少なかれあると思います。不快な印象を与えないというのは最低限以前のマナーです。どんな衣装を身につければお客さまの目を喜ばせることができるか、その場の空気にふさわしいかを考えて、適切な衣装や装身具を選べるということも、接遇者のクオリティーにかかわってきます。

たとえば、緊張感を求められるプレゼンや商談の場面なら、シルエットにゆるみのないモノトーンのスーツ姿。逆に、相手にリラックスしていただきたい場面だったら、ゆるやかにドレープが入った、淡い色合いのワンピースドレス。そんなふうに、相手に与えたい印象から逆算するのです。

一方で、CAのように制服が決められている場合、衣装を自分で選ぶことはできません。けれども、着こなしで一ランクアップさせることはできます。

着こなしといっても、着崩したり、アレンジしたりということではありません。私が実践していたのは、クリーニングされた制服に、さらに自分でアイロンをかけることでした。制服はドライクリーニングに出すので、もちろん、ブラウスもジャケットもスカートもきれいにプレスされて戻ってくるのですが、その上にさらに自分でアイロンをかけるのです。襟の表に糊づけすると黄ばみが見えるので、襟の裏に糊づけするという工夫もしていました。

じつはこれは母の影響です。母はとてもおしゃれな人でした。けれど浪費家ではまったくありません。その逆で、どんなものでも無駄遣いを嫌う母は、手持ちの衣装を上手に着回すのが得意でした。一枚の服をとても丁寧に扱い、長く着ていました。ドライクリーニングで落ちない汚れも自分で工夫してきれいに洗濯して、自分でアイロンをかけるのです。そういうふうに手をかけた服は、身につけたときにとても美しく、上等な感じがするのです。それは、着ているその人自身の美しさでもあると私は思います。そういう母の姿を見ていたので、私も自然に、プレスされた制服にさらに自分でアイロンをかけるようになっていました。

そうすると、機械では行き届かない細かいしわにも気づいて、仕上がりがぱりっとします。そして、手間をかけた分が自信となって、身につける自分も堂々とした姿でいつもいることができるのです。

たかがアイロンですが、そこにかけた一手間は、見る人が見れば伝わります。ＡＮＡに入社してから一貫してそうしていたのを見てくれている人はいて、「里岡さんは、いつ、どこですれ違っても身だしなみが整って、颯爽としている」という評価となり、それが私の価値になっていったのです。

高価なものを身につける必要はありません。いつも清潔で、ぱりっとしていること。それだけで、相手によい印象を与えることができるのです。

髪型に表れる「できる人」

髪型によって、相手に与える印象はかなり変わります。特に女性の場合は、手入れの行き届いた髪は魅力ですね。けれど、一歩間違えばとても不潔に見えてしまうのも髪です。

私は、今はショートヘアにしていますが、CAとして働いていたころは長く伸ばしていました。勤務のときは一つにまとめてシニョンにします。規則はありませんでしたが、ロングのまとめ髪にしていたのはいくつかの理由があります。

接客サービスでは、髪が乱れているのはそもそも論外ですが、髪を手で触らないということも重要です。しょっちゅう前髪を直したり、頭をかいたりという癖のある人がいますが、特に飲食業では髪を触るのは許されません。CAも食事をサービスしますから、髪には触りません。髪をきちんとまとめておけば、お辞儀をして髪がはらりと顔に落ちかかり、つい髪をかき上げてしまうといった心配がありませんし、手で押さえるなどの余分な動作をする必要もありません。また、ロングフライト（国際線の長距離便）CAは機内で休憩することもあるのですが、もし髪が乱れても、そのあとブローをするわけにはいきません。ですから、結んでしまったほうが楽だということもあります。

そういう実際的な理由のほかに、髪をまとめるということが、気分をつくる助けにもなっていました。髪をまとめると、仕事モードへとスイッチが切り替わるという効果があったのです。

たかが髪型と思われるかもしれませんが、髪の結び方一つでも、仕事に対する姿勢は表れます。

実際、髪に癖がつくのが嫌だからと、ゆるく結んでいるCAもいました。仕事がはじまる前から仕事後の予定に意識が向いてしまっていては、サービスもおろそかになろうというものです。反対に、髪がびしっとしている人は、仕事への集中力が違いました。髪型一つにも、その人の仕事に対する姿勢が表れるのです。

身だしなみは単に形式的・儀礼的なものだと軽視されがちですが、「形式（かたち）」をつくるその人のマインド次第で、かたちは変わってきます。パーソナルクオリティーは、いかに美しくかたちをつくるかということで表現されるのです。

私の「三種の神器」

体は、過去の自分がつくりあげてきた現時点の集大成です。自分に厳しい人は厳しく体をつくっていますし、自分に甘い人は甘いなりの体になっています。

前の部で、私にとっての「接遇のカリスマ」の一人である天ぷら屋のおかみさんについて触れました。彼女のすばらしいところは、接客態度がすばらしいだけでなく、二十年間、体型が変わらないというところです。

私がそのお店に通いはじめたころ、彼女は四十歳前後でしたから、今は還暦に手が届こうかという年齢でしょう。女性にとって四十〜六十歳はもっとも体型が変わりやすい年代です。どうしても脂肪がついて、筋肉が落ちてきます。けれど彼女は、私がはじめて出会ったころのままの体型を維持しているのです。いろいろなことを変わらずに続けているのだろう、日々を丁寧に、力を尽くして生きているのだろうということが伝わります。

今の世の中には、美容やダイエットの情報が溢れています。その観点から体型を考えると瘦せているのがいいという一面的な価値観になってしまいがちですが、そのような「誰かが決めた理想」に自分を当てはめてしまうことが果たして最善なのでしょうか。

つねに「痩せたい」と口にしている人は、なぜダイエットに成功しないのでしょう。私は、「『自分が好きな自分の体』のイメージを持っていない」からだと思います。そもそものイメージがなければ、どこへ向かって努力すればいいのかもわかりません。

私にとってそのイメージの象徴は「ハイヒール」です。低くても七センチ以上のハイヒールを美しくはけることが、自分の好きな自分の体のイメージ。ハイヒールは、音楽、香りと並んで、私を元気づけてくれる「三種の神器」。絶対に欠かせないものなのです。

ハイヒールは、きちんと正しくはけていないと、腰や脚、ひざといった下半身に負担がかかります。私の場合、体重が増えると腰やひざに違和感が出ますから、ハイヒールをはいたあとにひざに痛みを感じたら要注意のサイン。上下一キロずつぐらい、増えたな、減ったなという感覚があったら、すぐに運動の量と食事をコントロールします。それ以上増えたり減ったりしたあとだと体重を戻すのがもっと大変になってしまいますので、早めに気づいて対処し、適正体重をキープしています。

また、体型がゆるんでしまっていてはどんなに美しいハイヒールも台無しですから、全身を鏡に映してみたときにバランスのよい体型を維持することも「美しいハイヒール姿」には不可欠です。ハイヒールを美しくはける自分でいたいという具体的なモチベーションとイメージがあるからこそ、それに近づけようと努力することができるわけです。

体型は主に女性の関心事だと思われるかもしれませんが、私がお会いしてきたビジネスで成功している男性は、例外なく引き締まった体をお持ちでした。それは、日々の生活の中で自分を律することができるということを表しているのです。

あなたにとっての「自分が好きな自分の体」はどんな姿でしょうか。そのイメージを毎日、繰り返し頭に描いていれば、「痩せたい」とむやみに口をついて出てくることもなくなるはずです。

「しょうがない」は禁句

「変わらない」という価値は、長い時間をかけてつくられるものです。今日急に思い立って、「十年前の体を取り戻したい」と思ってもそれは無理なこと。一歩ずつ続けていくしかありません。

その長い時間のはじめの一歩を踏み出せない人に多いのが、「理想と現実のギャップにはじめから心が折れてしまう」というパターンです。

「自分が好きな自分の体」をイメージすると言いましたが、それはリアルな自分からかけ離れた理想を描くこととはちがいます。それでは現実的な目標になりません。両親が与えてくれた体、今の年齢、これまでの生き方、そういうものを認めて、その先に「いちばん好きな自分」「昨日より少しいい自分」を目指すのです。人がどう思うかではなく、自分自身を肯定した上で、より美しく、若々しく、生き生きと、そういう自分を見つけましょう。

年をとってしまったからしょうがない、忙しいからしょうがない――。そんな言い訳をしていませんか。「しょうがない」は自分で決めつけてしまうことです。誰もあなたに「あなたはもう、しょうがないよね」とは言わないのですから。

たった今から、「しょうがない」は禁句にしましょう。

さあ、「しょうがない」という言葉があなたから消えた今、どんなふうに楽しく努力をしていきましょうか。

私の場合、身につけるものに助けてもらうことが多くあります。

たとえば、ブラジャーをつけるとき、なんとなくつけている女性が多いと思いますが、じつはバストの位置を意識して少し変えるだけで、洋服を着たときの印象ががらりと変わります。

年をとれば自然にトップの位置は下がってきますが、そのままだとふけて見えてしまうのです。少しブラジャーのストラップを短くして、バストが下がらないようにするだけで、体つきが見違えるように若々しくなります。特に胸の大きい女性は年をとると下がりやすく、それを気にしている方も多いですよね。けれどそういう女性こそ、洋服を着たときにいちばんきれいに見える位置を知ってほしいと思います。

また、スカートを選ぶときも、ウエストのサイズだけで簡単に合わせている人が多いと思いますが、シルエットが自分に合うかどうかが重要です。

私の場合、日本人女性の平均的なお尻のかたちと少し違うのか、一般的な日本製のスカートをはくとお尻がつぶれてしまうのですね。けれど、立体的に丸味を持ってカッティングされているスカートをはくときれいに見えます。スカート一枚にも、自分の体型をきれいに見せてくれるかどうか、相当吟味して選びます。

男性でも同じです。男性のスーツの着こなしは、女性のようにさまざまに意匠を凝らしたものが少ない分、より体型に左右されると言えるかもしれません。バリエーションが限られるだけ、よりシビアに自分の体型に合うものを選ぶことが重要です。

そのためにも、まずは自分の体を客観的に見て、よく知ることです。誰だって素の自分と向き合えば、嫌いなところも見たくないところもあります。けれど、ここが嫌いだから、あそこが嫌いだからと、目をそらし続けていると、コンプレックスはいつまでもそのままで、取り除かれることがありません。

どんな自分であっても、よりよく見せるようにアプローチすることはできます。自分の体の特徴をよく知ることはそのための第一歩。人と違うところを見つけ、そこにどんなメリハリをつけていくか。それが自分らしさを開発するコツです。自分らしさを好きになれたとき、それはあなたの魅力になっているはずです。

手を味方につける

手はとても雄弁です。動かし方一つで、エネルギッシュにも、エレガントにも見せることができますから、積極的に生かさない手はありません。

たとえば、ビジネスでのプレゼンテーションのとき、ただ突っ立ったまま、スライドに書かれていることを棒読みするだけでは、聞いている人はすぐに退屈してしまいます。どれだけ練り上げられたプランでも、あなたの語り口が魅力的でなければ、その価値が十分には伝わりません。そのときに、注意を引きつける助けになるのが手の動きです。

これはやはり、西洋人のしぐさから学べることが大きいと思います。

「白熱教室」という教養番組をご覧になったことはあるでしょうか。もともとは哲学者で『これからの「正義」の話をしよう』の著者であるマイケル・サンデル教授がハーバード大学で行っている政治哲学の人気授業でしたが、テレビ番組となって広く知られるようになりました。日本でもいくつかの大学を舞台にテーマを変えて授業が行われており、「白熱教室」は一つのスタイルになっています。

そのサンデル教授は、手の使い方が大変上手ですよね。彼の話しぶりが人を惹きつける理由の一つになっていると思います。

右手を下から振り上げるようにしたり、挙手をした学生をあてるときも大きく腕を伸ばして体全体で向き合ったり、両手を開いて驚きを表したりなど、非常に多彩に手を動かします。それは、講義をライブ感あふれるものにするのに一役買っています。

私の講演でも、手の動きがきれいだったという感想をいただくことが多いのですが、私の場合はエレガントに、落ち着いて聴いていただけるような雰囲気を心がけています。

万年筆はとても優秀な小道具なのですが、私はＣＡのころから、こんなふうに使っていました。

フライトの前にはブリーフィングといって、クルー全員が集合してミーティングを行います。客室の責任者であるチーフパーサーが持ち場を決めるところからはじまるのですが、たいていの人は、クルーが集まると胸ポケットからボールペンを出して、「はい、ポジションを決めます」と言いながらボールペンをかちっとノックして、アロケーションシート(配置表)に記入していきます。たしかに手早くて便利なのですが、とてもせわしない感じがします。

私はあえてノック式ボールペンを使わず、万年筆を使うようにしていました。

「本日はチーフパーサーです。よろしくお願いします」と挨拶したあと、胸ポケットからスマートにデュポンの万年筆をすっと取り出して、きゅっとキャップをはずし、万年筆とシートを両手にかまえる、という動作をあわてずに行うようにしたのです。

すると、クルーの視線が自然に私の手元に集まります。また、一連のしぐさによって間ができますから、「この人は余裕がある」と感じさせることにつながります。

クルーからしたら、チーフパーサーに余裕があるというのはうれしいことです。いいサービスができそうだ、優雅に働けそうだという気持ちはサービスのパフォーマンスにもプラスに作用します。

チーフパーサーは、その日働くこの空間のプロデューサーでもあります。そのための雰囲気づくりに、万年筆を持つという所作は、とても効果的だったのです。

私は女性ですが、男性の方が万年筆を使う姿はさらにスマートで、余裕を感じさせます。ぜひ一度万年筆をお使いになってみませんか。

女性の場合はあまり手を大きく動かすと下品にとられることもありますが、このような大げさでない所作でも、十分に効果的に見せることができるのです。

私がいつも見惚れてしまうのは、芸妓さんや舞妓さんの手の動きです。視線が手にくぎづけになってしまうほど、彼女たちの所作は美しいのです。日本舞踊を習得しているので、そういうところから手の動きを学んでいるのでしょう。たとえ止まったままにしているときでも、指先をそろえて、わずかにそらすようにして、すっと伸びている。それだけでもはっとするほど美しいのです。

動と静、いずれの場合にも言えることは、手が人に与える印象は、思いのほか強いものだということです。

ぜひ、手を味方につけてください。効果的に使えるようになれば、あなたの印象がぐんとよくなるはずです。

熱意の伝わる声と話し方

声も体の一部です。

手と同じように、声も、私たちが思っている以上に多くのことを伝えます。

特別な訓練をしたわけではありませんが、私は、腹式で発声すること、語尾を伸ばさないこと、語尾を上げないこと、この三点はかなり意識して矯正しました。

少し鼻にかかるような高い声と、「○○なんですけどー」「○○でー」というように語尾を伸ばす話し方は、日本の若い女性の特徴です。言語そのものが持つ構造も関係しますので仕方がない部分もありますが、幼さを含んだ「カワイイ」がいいことだという日本的な価値観と無関係ではないでしょう。けれども、かん高い声や引き伸ばされた語尾は、不安定さを感じさせますから、プロの接遇者としてはやはり好ましくありません。

私は、かなり意識して矯正してきたおかげか、今では声や話し方を褒めていただくことも多くなりましたが、じつは自分の声質があまり好きではありません。ときどき録音された自分の声を聴くと、こんな声だったかしらとがっかりすることもあります。基本的な声質は変えられませんが、おなかから声を出すこと、語尾を伸ばさないことを徹底すること、この二つができると相手に不快感を与えず、社会的な信頼感を得る話し方にぐっと近づきます。

発声と同時に、もう一つ大切なことは、言葉の選び方です。

「えっと」「なんか」というような、つなぎの言葉は使いません。会話の間を持たせるためについ口に出てしまう言葉ですが、口をつきそうになるとぐっと我慢するようにしました。今では特に意識しなくても、そういう言葉は出てこなくなりました。

文章を締めくくる言葉も重要です。

「～と思うんですけど……」と尻切れで終わると、あいまいさだけが残ってしまい、聞き手を戸惑わせたり、不信感を与えてしまいます。「～です」「～だと思います」と、文章の終わりはきちんと区切りをつけます。

声の大きさや抑揚、リズムなどは、その場に合わせます。

わかりやすい例で言えば、CAとしてフライトしているとき、機内でお客さまがお休みになっていたら声をひそめます。しかし、セミナーや講演のときに、居眠りしている方がいらっしゃったら目を覚まして聞いていただかなければいけませんから、声のボリュームを上げたり、抑揚をつけたり、ジョークをはさんだり、話題を変えたり、あれこれ試みてみるわけです。

大勢の人の前での話し方は、やはり場数を踏むことで鍛えられた部分が大きいと思います。どんな場面でも言えることは、うまく話すことだけが、人の心を惹きつけるわけではないということです。書かれたものを一字一句間違えずに読み上げたところで人は感動しません。心から伝えたいことを、自分の言葉で、情熱を持って伝えることができているか。それさえできていれば、たとえつたなくてもメッセージは伝わるでしょう。

たとえば、クライアントにある企画をプレゼンするとき、あなたは、その企画を心からおもしろいと思っていますか。クライアントと一緒になって絶対に成功させてやるという情熱を持っていますか。

それがなければ、どんなに立て板に水のようにしゃべったところで、相手を説得することはできません。

自分の声を使って、だれに、何を伝えたいのか。それを考えると、自然にどのような声や話し方がいいのか、導かれるのではないかと思います。

笑顔のマネジメント

接遇者に限らず、日本人はどちらかというと、顔の表情、とりわけ笑顔の使い方があまり得意ではないと思います。

日本語に「愛想笑い」という言葉がありますが、英語に「愛想」のニュアンスのある単語は見当たりません。愛想笑いを無理に英訳すると、「つくり笑い」や「ご機嫌とりの笑い」の意味になってしまうのです。日本人の親切さは世界でも定評がありますが、ビジネスとなると、急にまじめ一辺倒になってしまう。自然にフレンドリーに振る舞うことが苦手なのかもしれません。

最近は苦手意識が逆に出ているのか、過剰に「スマイル教育」をする企業も多いような気がします。いつでもどこでも笑顔。フレンドリーさは大切ですが、「つねにスマイル」を標語化してしまうと、気持ちがともなっていないつくり笑いになってしまう可能性があります。これがいきすぎると、へらへらしているのに心の中で何を考えているのかわからない「理解不能な日本人」になってしまうわけです。

お客さまが「おなかが痛い」と訴えていらっしゃるときに、笑顔で「大丈夫ですか？」

と聞くのはおかしいですよね。やはり心配そうな表情になるのが当たり前です。心の動き、感情にそって表情は表れるものですから、笑顔を準備しておく必要はないのです。

もちろん、ブスッとした顔でいるのは論外です。眉間にしわを寄せて険しい顔をしていては、お客さまが気軽に声をかけられません。私の場合は、ＣＡをしていたころは、声をかけられやすい雰囲気を意識しつつ、お客さまに目を配るようにして、目が合えばにこっと笑う、というようにしていました。

やはり人間は、この人と出会えてうれしい、この人に気持ちよく過ごしてほしいと思うからこそ、笑顔になるのだと思うのです。

ちゃんと心がここにあるかどうかは、相手にも必ず通じます。あなたの表情や、かける言葉に嘘があると、嘘の上に人間関係を築くことになり、それは非常にもろい関係になってしまうでしょう。

笑顔は大切だからこそ、安売りしない。

心がともなった、輝くような笑顔が出せれば最高ですね。

【コラム5】　あなたにとっての三種の神器は？

音楽、香り、ハイヒールが、私にとっての「三種の神器」。気持ちをアップさせてくれる大切なアイテムです。

音楽は、JポップやKポップから、ジャズ、スタンダード、ロックなど幅広く聞きますが、私のiPhoneに保存してある音楽でいちばん再生回数が多いのは「007　カジノ・ロワイヤル」（二〇〇六年）のテーマかもしれません。なぜかと言うと、毎朝メイクをするときにかける曲だからです。

歴代のジェームス・ボンドの中でも私がもっとも男性の色気を感じるダニエル・クレイグと、私がいちばん好きなボンドガールで、美しく知的な女性として輝いているエヴァ・グリーン。この映画の音楽をかけながらメイクをすると、私もより女性らしく気分がつくられていくのです。

休日には、「慕情」や「太陽がいっぱい」などのサウンドトラックを聴きながら過ごすことが多いですね。映画音楽は想像力をかき立てる力を持っています。たとえば「太陽がいっぱい」であれば、ストーリーが持っているドラマ性はもちろんのこと、その当時のアメリカ、ナポリ、パリといった都市が持つ歴史や、そこに生きている人たちの光と影のイメージが広がります。この笑顔の向こう側にどんなことがあったのだろうか。彼らの歴史にはどんな苦難があったのだろうか。想像し、共感する力によって、心のひだを柔らかく繊細に保つことができるのだと思います。

香りは、癒しとリラックスのために欠かせないものです。接遇の仕事をしていると、基本的にオンタイムは香りをつけられませんから、もっぱらプライベートの時間に楽しみます。こだわりは、混じり気のない、ピュアなものであること。自宅にいるときは必ずアロマをたいていますし、お風呂のなかでリラックスできる香りを楽しむ時間も大切にしています。

夜のパーティーなどに出席するときは、香水をつけることもあります。香りも装いの一つなのですが、お寿司屋さんのような場所に強い香水をつけていくのはマナー違反。せっかくのおいしそうな匂いが台無しになってしまいます。匂いは本能と結びついていますから、自分にとってはとても好きな匂いでも、そうではない人もたくさんいるということを、公の場ではつねに意識しておかなければいけません。

そしてもう一つが本文中でも触れたハイヒールです。たいてい七センチ以上のもので、美しく歩けなければ意味がありませんから、靴選びは本当に大変です。試着をするときは、はいて立ってみるだけでなく、少し歩いて不具合がないか必ず確かめるようにしています。

音楽。香り。ハイヒール。

「三種の神器」は、「自分が好きな自分」に近づけてくれるものです。そう思うと、私は女性であることをけっこう上手く楽しんでいるのかもしれません。

ただし、一つ注意していることがあります。それは、濫用しないということ。四六時中使っていたら、神器の力も薄れてしまいます。それに、いつもいつも「女」を意識しているのもおかしな話です。サプリメントと一緒で、一日一回服用するぐらいがちょうどよさそうです。

あなたにとっての三種の神器は何でしょうか。ぜひその力を借りてみてくださいね。

2. メンテナンスの基本は自分なりのルーティンをつくること

つねに平常心のコツ

接遇者にとっての「体」は、「商品」であると同時に、心にアプローチするための「インターフェース」のような役割を持っているのではないかと私は考えています。

「体とはインターフェースである」と言うと突拍子もない発想に聞こえるでしょうか。けれども、「心をコントロールするには、体にアプローチするしかない」というのが、私が長年の経験から感じていることです。接遇に限らず、広くビジネスパーソンに応用していただきたいと思っていることなのです。

接遇者にとって、心を中庸に保っておくこと、何事にも動じないフラットなマインドでいることが大切だと述べました。

人前に立つことの多い接遇者は、毎日毎日ステージに上がり、自分の役を演じているようなものです。緊張感や恐怖心に負けないメンタルの強さが重要になってきます。

　また、パーソナルクオリティーコンサルタントとしてさまざまな企業、団体の担当者にお会いしていくうちに、人間関係やプレッシャーといった、心の問題に悩まされている人が多いということも実感としてわかってきました。働く人の心の健康を守り、感情をいかにコントロールするかということに非常に関心が高まっています。

　日々仕事をしていれば誰でも、思うようにいかなくてイライラしたり、失敗して落ち込んだり、理不尽な一言を投げかけられて傷ついたりするものです。

「里岡さんは、どうしてつねに平常心でいられるのですか」と尋ねられることがありますが、その答えはやはり、「心をコントロールするには、体にアプローチするしかない」ということです。

　この質問をされる人はおそらく、「心」という言葉を、知性や判断力といった理性の部分ではなく、感情や精神力のような、理屈では手に負えない部分を指して使っていると思います。

　古くからお世話になっている、大変尊敬する精神科のドクターがいるのですが、その方が以前、こんなことをおっしゃいました。

「多くの場合、精神科医が患者さんに真っ先に指導することは、生活習慣を整え、身体の健康を取り戻すことだ」

安易に一般化してはいけませんが、それを聞いたときに、私個人としては非常に腑に落ちる感覚がありました。なぜなら、自分も無意識にそれを実行していたのだと思ったからです。

私はどちらかといえば、どんな場面でも緊張しないでいられるメンタリティーをもともとの資質として持っていると思いますが、それでもやはりCAは非常にプレッシャーのかかる仕事です。特にキャリアの浅い若いころは自己管理をすることにも慣れていませんから、精神的な重圧を感じることもありました。

さらにCAの場合、勤務シフトが不規則です。早出と遅出では出社時間にかなりの開きがありますし、自宅に帰れない日も多くあります。自己管理をきちんとしなければ身も心ももたないと気づき、新人のころから、朝は一定の時間に起きる、食事はできるだけ決まった時間にとる、など自分なりのルールをつくるようにしていたのです。

自分では、心と体が求めることを自然に行っていたという感覚なのですが、じつは心身の健康に効果的なことを知らず知らずのうちに実行していたのですね。

私は専門的なことはお話しできませんが、自分の体や生活習慣にどのようにアプローチしていったかという経験はあります。メンタルとフィジカルの関係を考える一助になればと思います。

イチロー選手の言葉

体へのアプローチと言っても、難しいことはありません。基本はたった一つです。何か一つ、自分で決めて、続けることです。

・毎朝七時には起きる
・毎日必ず三食食べる
・一日に一回は運動する

そんな簡単なことでいいんですか？　と思われるかもしれませんが、無理のあることではいけません。むしろ簡単なことがいいのです。けれども、これを続けるのが難しいのです。

「小さいことを積み重ねるのが、とんでもないところへ行くただひとつの道だと思っています」

これは大リーグ・ヤンキースで活躍するイチロー選手の言葉です

イチロー選手は、日米通算四千本安打という偉業を達成しました。そらしいことですが、イチロー選手の、一日も欠かすことなくルーティンワる姿勢、それ自体が偉業なのです。今日はやりたくないなという日もあるでしょそういう気持ちに負けることなくやり続ける。それでなければ、あれほど体と感覚を研ぎ澄まし、かつその状態を何年も維持し続けることはできません。イチロー選手の姿から、毎日同じルーティンを繰り返しやり続けることの偉大さを確信しました。

先に挙げた例は、ほんの小さなことに思われるかもしれません。けれども、それさえできないのが人間です。反対に、どんなささいなことでも、自分で決めたことをやり続けることができれば、打席（チャンス）に立ったときにきちんと結果を出せる可能性が非常に高くなります。そして、そういう人は、たった一回のまぐれ当たりではなく、長くコンスタントに結果を出し続けられる資質を持っているのです。

一流と言われる人、イチロー選手の言葉を借りれば、「とんでもないところへ行く」ことのできる人は、そういう人です。

どんなことでもいい、自分でこれと思うルーティンを決めましょう。もちろん、「毎晩お酒を飲む」ことでは意味がありませんよ。自分にとってプラスになることをやってみましょう。やり続けることが自信に変わるはずです。

八〇パーセント以上をキープ

仕事に対するマインドが崩れるのはどういうときでしょうか。

それはフィジカルが弱っているときです。集中できない、思考が働かない、とっさに対応できないなどの症状となって表れます。

少しぐらい体調を崩したり、風邪をひいたりするのは人間だからしょうがないのかもしれませんが、ここでも「しょうがない」を封印したいというのが私の考えです。

私は、自分のフィジカルをつねに八〇パーセント以上にキープすることを意識して体調管理をしています。一〇〇パーセントを目指さないのがポイントです。その代わり、自分が思う八〇パーセントを下回るような感覚を覚えたら、即座に手を打つようにしています。

そのようにフィジカルの変調をすばやく察知できるのは、やはり日々のルーティン

っているからだと思います。

定点観測という言葉があります。ある一定の地点から、物事を見続

えば、桜の開花を宣言する標本木も、毎日、同じ木を注意深く観察していなければ、時期を逃さずに開花を宣言することはできません。定点観測をしているからこそ、「変化」をキャッチすることができるのです。

日常のルーティンは、こうした定点観測のようなものです。

たとえば、毎朝七時に起きると決めたとしましょう。

いつもと同じ時間に就寝したのに、今朝はなぜかすっきりと目覚めることができなかった。なぜだろう。そういえばいつもより体がだるい、疲れが残っているのだろうか。あるいは、頭痛やのどの痛みがある、風邪の予兆かもしれない。

自分の体が出すサインから、自分の体調を推しはかることができるわけです。

私の場合は、

・頭痛がする
・のどが乾燥している、いがらっぽい
・熱が出そうな感じがする
・疲れがとれづらい
・関節が重い、痛い

このようなサインをキャッチしたらすぐに対策をとります。

・食べ物を変える（フルーツを増やすなどして、ビタミンCをとる）

・睡眠時間を多めに確保する

・入浴したりサウナに入ったりする

・マッサージをする

・薬を服用する

・医者にかかる

リフレッシュすることで治るのか、医者にかかることが必要かの見極めも早め早めに。自分の体と向き合うことを習慣にしていれば、大きく崩れることを防げます。マインドだけでなく、フィジカルの面でも、つねに一定以上のコンディションをキープする。これがプロとしての自己管理だと思います。

アドバイスとして、気軽に相談できるドクターを持つということは、とても大切なことだと思います。ぜひこの点も参考にしてみてください。

生活のリズムを整える

生活のリズムの軸となるのは睡眠です。

起床時刻は、交感神経・副交感神経の働きに直結します。自律神経系は体のなかのホルモンのバランスに非常に影響しますから、特に女性にとって、眠りと目覚めはとても大切です。

そのためにも毎朝、決まった時間に起きるようにしましょう。休日は多少のんびりするのはいいのですが、せめて八時までには起きる。平日と休日の起床時間があまりにちがうと、そこでリズムが崩れてしまうからです。三百六十五日続ける、これがポイントです。

睡眠の習慣でいちばんよくないのが二度寝です。二度寝こそ休日の醍醐味！　こんなに気持ちのいいものはない！　という気持ちもわかるのですが、ここはフィジカルのためにグッとこらえましょう。

というのも、二度寝はホルモンバランスを崩すと言われています。肌にもてきめんに表れますし、美容にいいことはじつは一つもないのです。

そして偏頭痛のある人は経験があると思いますが、頭痛を触発します。若いうちは多少不規則な生活をしても、体のほうが足りないホルモンを分泌してくれるからいいのですが、三十代なかばを過ぎるとそういうわけにはいきません。

若いからといって、食べすぎ、飲みすぎなど不摂生がたたると、そのツケは確実にあとからやってきます。女性ホルモンが減少しはじめる年齢以降に、それまでの生活習慣が、肌や体型に容赦なく表れるのです。

私は二十代のころそれに気づき、それ以来、朝早く起きて、三食必ず食べるという今の生活サイクルをキープしています。

生活のリズムを整えることはとても大事なのです。人間も動物なので、生理的なサイクルを狂わせると、心も体も、いろいろなものが狂ってきます。

それを防ぐためにも、毎朝決まった時間に起きましょう。そうするためには、たとえば前日の夜の酒の席を早めに切り上げる、つきあいをセーブする、長時間残業しないで済むように仕事の効率を上げるなど、さまざまな関門をクリアしなければなりません。

ふだん何気なくふるまっている行動の積み重ねが、あなたの一日のサイクルをつくっていることに気がつけば、どこをどう修正していけばいいか、だんだんとわかるようになってくるはずです。

さきほどフィジカルの定点観測をおすすめしましたが、生活リズムや行動の定点観測も同時に行うと、自分をうまくコントロールできるようになり、よりいっそう「なりたい体型」や「めざしたい生活リズム」に近づけられると思います。

私は朝、決めた時間に目覚めたら、自分で朝食をつくります。それも、こだわってつくります。一日のはじまりに体にしみこませるものはとても大事です。それを感謝していただきます。

そういうふうに丁寧な生活を心がけていると、自分を大切にする心が生まれてきます。自分を肯定する気持ちは、なによりもあなたに強さを与えてくれるはずです。

二十年来のルーティン

生活のリズムは人それぞれ、自分に合ったリズムをつくればいいのですが、ご参考までに私のルーティンをご紹介しましょう。

《朝食こそ、時間をかけて》

朝食には必ず、フルーツジュースかスムージーをつくります。ストックしてある野菜やフルーツから、今日は何をチョイスしようかなと考えて準備をしているうちにだんだん体が目覚めてきます。

ジュースのほかにもフレッシュフルーツは不可欠です。サラダ、ヨーグルトやチーズなどの乳製品、卵料理、ソーセージなどのタンパク質を少し、それにパンを添えます。炭水化物はダイエットの敵にされることが多いのですが、私はおいしいパンに目がありませんので、無理に避けたりはしません。自分でキッシュやバナナブレッドを焼くのも大好きです。その分、体を動かすようにしています。

加えて少量のナッツ類をとることが多いですね。ミネラルやビタミンなど、人間の体に必要な栄養素がとれて、美肌効果も期待できます。

和朝食も大好きです。ごはんとお味噌汁、焼き魚、お浸しにお漬け物といった和の献立は栄養のバランスにもすぐれています。ごはんは玄米にすることが多いです。

そして、朝食にはゆうに一時間以上をかけ、ゆっくりいただきます。

《会食のあとは歩いて帰宅》

夜はビジネスの会食などの予定が入っていることが多いのですが、そういう日は靴を二足持って出かけます。一足はハイヒール、もう一足はウォーキングシューズです。

会食は大事なビジネスシーンの一つですが、外食をするとどうしても量が多くなったり、高カロリーの食事になりがちなのが悩ましいところです。かと言って、おいしいものを目の前にして我慢するのもストレスがたまりますし、出された料理に箸をつけないのは、同席者にも料理人にも失礼にあたります。

私のモットーは、おいしくいただいて、体を動かす。一時間程度で歩ける距離ならさっと歩いて帰ります。歩くことはまったく苦になりません。少し負荷をかけるために、わざと遠回りをしたり、坂道を通ったりすることもあるくらいです。

音楽を聴きながら歩いたり、考えごとをしながら歩けば一時間ぐらいはあっという間です。メールや電話を切っておけば、いい気分転換にもなりますね。

時間とお金を投資しないとエクササイズができないと思うかもしれませんが、毎日の生活の中でお金をかけずに体を動かす方法はたくさんあります。

《夜の過ごし方》

会食以外のときのふだんの夕食は、かなり早い時間帯にとります。

理想は午後五時半。そう言うと驚かれることが多いですが、就寝時間から逆算するとそうなるのです。私の場合、十一時にはベッドに入るようにしています。遅くとも日付が変わる前には眠りたいところですね。

世の中にはいろいろな健康法があって、ある説では、人間は食べれば眠くなるのが当たり前なのだから、夜は質のよい食事をほんの少しとったら、すぐに寝るのがよいと言われています。

理屈としては納得できるのですが、私は食べることが大好きですから、おいしいものを目の前にしてほんの少しに抑えるなんてとても自信がありません。そういう自分の性格をよく知っていますから、その分、早めの時間にとるようにするわけです。

食事のあと少し時間をおいたら一時間のウォーキング。CAのころは、ステイ先のホテルにプールがあれば、プールで泳ぐことが多かったですね。そして、翌日の準備をして、ゆっくりお風呂に入って就寝。適度な運動をすると交感神経・副交感神経がうまく働いて、眠りに入りやすくなります。

ムダなことはない

基本的な生活のリズムを身につけることができたら、次は、応用力をつけるための習慣づくりを心がけてみませんか。

基本のルーティンにプラスアルファ、あなたの価値を高めるような習慣を加えるのです。だからと言って、急に英会話をはじめても、特別に勉強が好きな人以外は、一年三百六十五日、欠かさず英会話の勉強をするのは難しいですよね。

それよりも、やはりできることを選ぶほうがいいと私は思います。

たとえば、毎日一人、ふだん話さない人と話そうと決めてみてはどうでしょう。すると、今日は誰と話そうかなと、いろいろ探さなくてはいけなくなります。そういえば、違う部署にいった同期としばらく話してないなと思ったら、「最近どうしてる?」と連絡してみます。もっと身近なところでは、ランチでよく利用する食堂の店員さんに「こんにちは」と話しかけてみる、何でもいいのです。

これを短い時間でもいいから続けると、応用力、対応力が相当つくはずです。英語の勉強のように試験で資格がとれるような目に見えやすい力ではありませんが、人との出会いや会話を面倒くさく思ったり、億劫がったりといった気持ちが嘘のように消えていきます。テクニックやマニュアルでは身につかない、もっと幅広い「人間力」のようなものを身につけることのほうが豊かだと私は思うのです。

また、私は子どものころから映画が好きで、テレビのロードショーで放送される洋画をしょっちゅう見ていました。映画の中の世界は私のあこがれでした。今でも古今東西の映画をよく見ます。ただ好きだから見ていただけなのですが、映画の知識は私の「雑談力」の武器の一つになっています。

映画を見たからといって、それが即、商談の役に立つわけではありません。もし私が、テクニックやハウツー、マニュアルを求めていたら、いつ役に立つかわからないような映画なんて見ないで、その時間にそれこそ英単語をいくつか覚えていたでしょう。けれど、もしそうしていたら、大人になって、異なる文化の人と映画を通じて会話を楽しむことも、自分の世界が広がる経験も得られなかったと思います。

ふだん話さない人と話すということも同じです。それが今すぐ何かの役に立つわけではない。けれど、忙しい毎日の中でも、出会いへの好奇心と余裕を持つ、そのことが、あなたの世界を豊かにしてくれるはずです。

ジョージ・クルーニーに会える？

自分のパーソナルクオリティーを上げていくためのアプローチの一つに、自分の生活圏を変えるという方法があります。

たとえば、休日にいつもパジャマのような部屋着でいて、近くのコンビニにもそのままの格好で行くような生活をしていたら、そういう「楽をする」体つきがあなた自身にしみついてしまいます。すると、いざあらたまった場所へ出たときに、なんとも落ち着かず、浮いた体をもてあましてしまうことになるのです。

そのときがくればちゃんとするから大丈夫と思っていても、ふだんやっていないことを急にやろうとしてもできません。

日頃から、さまざまな「場」になじんでおくのは、大切なことです。

生活圏を変えると言うと感覚がつかみづらいかもしれませんが、日常の延長で考えてみましょう。たとえば、いつも帰宅に三十分かかるとしたら、倍の一時間かけて帰ってみる。寄り道をしないと余分な三十分を費やすことはできません。じゃあ、ふだん行かないカフェに寄ってみよう。ふだんと違うところに身を置いて、ふだんと違うものを見てみよう。ふだんと違う人と出会ってみよう。カフェに慣れてきたら、今度はもう少し時間を延ばして、あのあこがれのホテルのラウンジで過ごしてみよう——。

そういうふうにして、どんどん、自分で自分が求める環境に自分自身を持っていくようにするのです。

私はイギリスの女優キャサリン・ゼタ＝ジョーンズが大好きなのですが――アカデミー賞を受賞した「シカゴ」では見事なダンスも披露していました！――、偶然、彼女と出会い、言葉を交わしたことがあります。

イタリア北部、ミラノから車で一時間ほど行ったところにあるコモ湖畔の世界的に有名なホテルでのことでした。そのホテルは、十六世紀以来の由緒ある建築と見事な庭園、最高級のホスピタリティーで、世界中のセレブに愛されているホテルです。

私はそこに一人で滞在していました。プールに泳ぎに行くと、キャサリンが子どもを連れてきていたのです。私がプールサイドにいると、キャサリンに「あなた、アメリカ人？」と声をかけられました。「いいえ、日本人です」と答えると、「あらそう、そんなふうには見えなかったわ」。一人で、しかも英語でしたので、日本人のイメージではなかったのでしょう。キャサリンは、家族や子どもたちと一緒に、近くにあるご友人の別荘に滞在していて、子どもたちをプールで泳がせるためにホテルを訪れたとのことでした。

この話を知人にすると、「キャサリン・ゼタ＝ジョーンズに会ったの⁉」と驚かれるのですが、考えてみれば驚くようなことは一つもないのです。世界的に有名なホテルにキャサリン・ゼタ＝ジョーンズがいるのはまったく不思議ではないのですから。ジョージ・クルーニーがいたって不思議ではありません。

私は彼女の凛然とした、勝ち気な雰囲気や、カーヴィーな体つきが以前から好きでした。映画の中の彼女を見て、私もこういう場所に行って、こういうドレスを着てみようとか、こういうふうに振る舞ってみようと思うような、あこがれの女優の一人でした。

だからといってコモ湖で会えるとはまったく予想もしていませんでしたが、自分の好きな世界のイメージを持っていて、そういう場所に身を置くからこそ、出会いを呼び寄せることができたわけです。

しかも、そこに自分の身を置いたときに、違和感がない自分でいるというのが大事です。もし私が一人でなく、英語も話せなければ、彼女も話しかけてくることはなかったでしょう。

同じ場所にばかりずっといては、次のステージはやってきません。

「こういう出会いがほしい」「こういうステージがほしい」と思ったら、それがつかめそうな場所に思い切って行ってみるのです。待っていても「そのとき」はやってはきません。自分の身をどこに置くか。そのイメージが、あなたを次のフェイズへ連れていってくれます。

リスクは最小限に抑える

自分自身を「商品」だととらえると、約束した時間と場所に必ずそこにいるということが、いかに重要かということに思い至ります。そう考えると、遅刻禁止・無断欠勤禁止は社会人としての常識といった、単なるビジネスマナー以上の意味があるような気がします。勤務していた二十五年間、私は体調不良で担当フライトを休んだことはほとんどありませんでした。

特に、トップVIPフライトがあるときは、訓練されていて、実務経験のあるCAは相当限られていますから、会社からも、「代わりがいないから、体調を崩したり、ケガをしたりすることのないように」と言われていました。もちろん自分でも厳しく律していました。

一般フライト・スケジュールを知らされるのがだいたい一カ月前なのですが、トップVIPフライトの場合、そのご予定が確定した段階で知らされます。

トップVIPフライトがあることがわかると、そのあとは、たとえオフの日であっても不要なスケジュールは入れないようにしていました。ケガをする可能性の高いレジャーはもちろん行きませんでしたし、単なる気晴らしの外出もほとんどしませんでした。それで事故にあったり、具合を悪くしたりしたら、悔やみきれないからです。かなり自重した生活を送っていました。

食べ物も、古くなっているかもしれないなどと考えたら、出来合いのものは信用できないわけです。ですから、自分でつくったものか、いつも利用していて信用のおけるレストランの料理しか口にしないようにしていました。

ステイ先でも、基本的にホテルのレストランしか行かないようにしていました。食材を買うのは、産地や生産者を明示しているスーパーマーケットか、宅配サービスです。デパートの食品売り場も同じ理由でよく利用します。総菜でも生鮮食品でも、やはり品質のいいものがあるし、バイヤーの顔が見えるという意味でも信頼感があります。少し割高になっても、それで安心かつおいしい食材が手に入ると考えれば、けして高すぎる買い物ではありません。

神経質すぎると思うかもしれませんが、私にとってはリスクを最小限に抑えるための一つの手段なのです。

食べることに典型的ですが、危険なもの、自分にとってリスクになりそうなものを口に入れる前に察知してはじくという動物的な本能は、非常に大切なことではないかと思います。

特に日本では長く「水と安全はタダ」と言われてきました。自分の身を取り囲む危険など考えなくても、平穏に日常生活がおくれました。ビジネスでも、契約社会の欧米に比べて「信用」という慣習が無意識のレベルで深く社会に根づいています。

ビジネスの場面では基本的に他人同士が出会うのですから、互いに相手が信頼するに足る人物かどうかを見極めたいわけです。その信頼を担保するものは、やはりこれまでの実績や伝統です。無根拠に人を信じるナイーブさは必ずしも善ではありません。

一方で、ビジネスにおいては、大胆に決断しなければならない場面も当然出てきます。けれど、リスクを察知する用心深さが共存していなくてはいけない。決断を促すのは経験ですが、用心深さを支えるのは直感です。直感に従えば、少なくとも最悪の道は選びません。

カンや動物的本能も、私に正確な情報を与えてくれていると思っています。ちょっと説明しづらいのですが、私には、自分自身の直感とのあいだにロイヤリティーが結ばれているという感覚があるのです。

よく比喩で、「匂いでわかる」と言いますが、この言葉は非常に真実を表していると思います。と言うのは、「目と耳はだまされる」からです。

嗅覚は本能と結びついています。一方で、目と耳は理性と結びついているからだまされやすいのです。たとえば、ロレックスの腕時計をして、ベンツに乗っている人がいたとしたら、ふつうは「この人はお金持ちなのだろう」と判断するかもしれません。けれど、そのロレックスは本物でしょうか。ベンツは本当にその人のものでしょうか。耳も同じです。オレオレ詐欺は一向になくなりません。

けれど、嫌な匂いをかげば頭痛がしたり吐き気がしたりします。これはヘンだと体が拒否反応を起こし、腐ったものを口に入れる前に放り投げるでしょう。鼻は身体に直結しているのです。

嘘くさい、うさんくさい、など「くさささ」は危険信号です。自分という商品をベストなコンディションに保つためにも、五感を研ぎ澄ますような動物的な感性も大切にすべきではないでしょうか。

心地よいから続けられる

接遇のパフォーマンスを最大化するための、体へのアプローチをいろいろ述べてきました。

・生活のリズムを整える
・規則正しくバランスのよい食事をする
・ウォーキングや水泳など適度な運動をする

拍子抜けするほど、簡単なことしか言っていないと思われるかもしれません。けれども、繰り返しになりますが、肝心なのは「毎日続ける」ことです。頭でわかっていても、それができないのが人間です。

では、続けられる人は何がちがうのでしょうか。

続ける人はやはりひたむきです。あれもこれもと浮気をしません。自分自身を高めることには貪欲ですが、自分にないものをやみくもに求めることはありません。物事を損得で考えませんから、目先のお金や、地位や権威に執着することもないでしょう。

けれども、ひたむきに続けるその姿を、まわりはしっかり見て、評価しています。

そして、そういう人は、自分から「こんなに努力しているんだ」ということを口に出すことはないでしょう。自分をアピールする人は結局続かないのです。なぜなら、他人から評価されるためにやっているからです。

それを続けることが、自分にとって心地よいのだということをつかんだら、続けないではいられなくなるのです。

「自分が好きな自分」に近づく

自分自身のパーソナルクオリティーと向き合うことは、ときにとてもシビアなことでもあります。

同じ商品を売っているのに、なぜ自分よりも同僚や後輩のほうがたくさんのお客さまに買ってもらえるのだろう……。そう思ったときに、商品に差があるのではなく、自分自身の接遇に差があるのだと認めることは、かなり勇気がいることです。

けれども、競争相手《ライバル》がいるからこそ、自分を高めたいと思うことができる。

それを厳しいと思うか、楽しいと思うかは、あなた次第です。

私は、毎日毎日、昨日を超えた自分、最高品質の自分に出会いたいと思っています。

「自分の好きな自分」のイメージをはっきりと持つようにしているのはそのためです。体型、顔、髪、コンディション、気持ちのあり様、日々の過ごし方、すべてです。

一朝一夕では身につかないものに私の憧れがあります。年月を重ねて育てられてきたものに価値を見いだします。

年をとれば、若さという価値は失われるかもしれません。けれど、毎日を丁寧に生活していくことでしか積み重ねられない種類の美しさがあります。それが接遇者のパーソナルクオリティーとなります。

誰かのためではなく、自分のために毎日を過ごす。「自分が好きな自分」に近づこうと努力する。今日という一日が自分にとって有益であって、昨日よりも今日、今日よりも明日、自分で自分を超えていくのだと鼓舞する。そうすることで、自信を持って人に与えられる自分でいられるのです。

本当のライバルは、ほかの誰でもなく、「昨日の自分」だと思えたとき、あなたのパーソナルクオリティーはぐっと進化するでしょう。

自分の体や外見を磨くことを、軽んじすぎず、気負いすぎず、でも意識してみてください。そして、「やっぱり今の自分が好きだ」と思えるあなたでいてください。

おもてなしの心・技・体を磨いて、今日を超える自分へ。

あなた史上最高のパーソナルクオリティーを実現してください。

【コラム6】　ブライダル業界でも始まる意識改革

本書では主に接遇者に向けてパーソナルクオリティーというものをお話ししてきましたが、最近では企業や法人からも注目が高まっていることを感じています。

先日は、結婚式場を運営するアニヴェルセルを訪問する機会をいただきましたが、経営陣の方々が接遇の価値を非常に重視していらっしゃることに強い印象を受けました。

ウエディングはまさに人生に一度のこと。失敗が許されない現場です。サービスを担当する人たちはみなさん、万に一つもトラブルがあってはいけないという緊張感のなかで働いています。それだけに、やりがいが大きく、一度味わったらやめられないほどの感動が味わえる仕事だと思います。

少し前は、挙式をせずにすませる地味婚や、レストランウエディングが流行りましたが、最近は、きちんと結婚式場で式を挙げたいというカップルが増えているのだそうです。ただし、やはりご時世を反映してか、派手婚ブームのころのようなお金はかけられない。限られた予算の中で、いかにアイデアと工夫で、みんなが満足する式を挙げられるか。いいお式だったねと笑顔に溢れる雰囲気をつくれるかどうか。そういうところに細かく気を配ってプランニングされるそうです。

そうなると、もちろん会社の設備投資やネットワークなど、有形無形の財産があることが前提ではありますが、最終的なお客さまの満足の決め手になるのは、やはり、フェイス・トゥー・フェイスでサービスを担当し、時間をかけてその場面を一緒につくりあげていく、個々のウエディングプランナーの力量なのだと思います。

まさに、「この人に担当してもらいたい」という、その人自身のレピュテーション（評価、評判）がこれからますます大切になってくる。

だからこそ、接遇者にはパーソナルクオリティーをもっと磨いてほしいというのが私の提案です。

すでに、さまざまな業界で意識改革ははじまっています。

私も、接遇の価値がより多くの人に認められるように、力を尽くしていきたいと思っています。

おわりに

この本を最後までお読みくださって、ありがとうございました。

CAとして、お客さまをおもてなしする仕事に就いてから二十八年が経ちます。

二〇一〇年にANAを退社してからも、パーソナルクオリティーコンサルタントとして、接遇、接客サービスの現場で働く人たちの育成、開発支援を続けてきました。

それだけ続けても、おもてなしの仕事は知れば知るほど奥深く、もはや私の人生の一部、文字通りライフワークとなっています。

本編にも書いたように、CAになったのはほんの偶然でした。

十代のころの私は、どうしてもCAになりたいと思っていたわけではありませんでしたし、CAになってからも、こんなに長く続けることになるとは思ってもみませんでした。

それがなぜ、接遇のおもしろさにこれほどはまってしまったのか。

接遇のおもしろさは、「相手を選べない」ところにあります。自分の好きな人とだけ会って、毎日を暮らしていれば、嫌なことや、傷つくことはないかもしれません。けれどその分、いいこともない。知らない人と出会わないから、サプライズなんて、起きるはずもありませんね。けれども、接遇の仕事をしていると、思いも寄らないことに次々と出会えるのです。それがまさにこの仕事のギフトです。

頭の中だけで考える未来予想など、軽々と超えていくような出会いや感動があります。先の読めないドラマが待っています。

課題も与えてくれますし、喜びも与えてくれます。

そう考えると、接遇の仕事が私をここまで導いてくれたのかもしれません。

この本を書くにあたって、これまでに培ってきた私自身の「おもてなしの心・技・体」を、すべて振り返ってみました。一つひとつは難しいことではなく、どなたでも実践できることばかりです。

この本を手に取ってくださったあなたは、きっと、おもてなしの心や、接遇力をもっとビジネスや日常生活に生かしたいと思っていらっしゃるのだと思います。

私の願いはたった一つです。

ぜひ、接遇の感動を味わってください。

そうすればきっと、やめられなくなるはずです。そして、どんどんおもてなしの心・技・体を磨いて、超一流と呼ばれる接遇者になってください。

この本が、そのきっかけになれば、これほどうれしいことはありません。

二〇一四年初夏

里岡美津奈

里岡美津奈 さとおか・みつな
1965年愛知県岡崎市生まれ。人財育成コンサルタント。1986年全日本空輸株式会社入社。25年の在職中、国内線、国際線のチーフパーサーとして乗務。そのうち15年間はVIP特別機搭乗を務め、皇室、各国元首の接遇で高い評価を得る。VIP担当CA養成訓練教官、社外への接遇マナー講師、安全教育訓練教官などを歴任。2010年退職。以降、一般企業のほか、医療法人、社会福祉法人などで活躍。著書に、『「また会いたい!」と言われる女《ひと》の気くばりのルール』『誰からも好かれる女《ひと》の人と運を引き寄せる習慣』『伝説のトップCAが明かす 一流になれる人、なれない人の見分け方』『いつもうまくいく人の感情の整理術』など。

朝日新書
471

ビジネスで使える
超一流《ちょういちりゅう》 おもてなしの心《しん》・技《ぎ》・体《たい》

2014年7月30日第1刷発行

著　者　里岡美津奈

発行者　首藤由之
カバーデザイン　アンスガー・フォルマー　田嶋佳子
印刷所　凸版印刷株式会社
発行所　朝日新聞出版
〒104-8011　東京都中央区築地5-3-2
電話　03-5541-8832（編集）
　　　03-5540-7793（販売）

Published in Japan by Asahi Shimbun Publications Inc.
ISBN 978-4-02-273571-3
定価はカバーに表示してあります。

折れない自信をつくる シンプルな習慣

心屋仁之助

自信をなくしたときは、頑張って結果を出すことで、自信を取り戻そうとしがち。でも、そうやってつくられた自信は折れやすい。TVで人気の心理カウンセラーが、あなたらしい、本物の「折れない自信」を育てるコツを伝授する。話題の『シンプルな習慣』第2弾！

不毛な憲法論議

東谷　暁

九六条と選挙制度、九条と自衛隊と日米安保、基本的人権とアメリカの正義――。本質が語られずに、条文の解釈に終始してきた日本の憲法論議。護憲派、改憲派、それぞれの主張を丁寧にたどりながらその病理を明らかにすることで、根本から憲法をとらえ直す。

肚《はら》が据わった公務員になる！
新しい仕事哲学と自分の鍛え方

中野雅至

今や「全体の奉仕者」なんて、本人も国民も考えていない。公務員の身分保障や社会的地位、将来像は？　市町村から霞が関まで、彼らの実態を解明し、働き甲斐の指針となる「仕事哲学」を提議する。著者は市役所からスタートした異色の元キャリア官僚。

プロ野球　最強のホームラン打者

小野俊哉

通算250本以上のスラッガー66人の「本塁打偏差値」を求め、史上最強のホームラン打者は誰かを探って、868本の王よりすごい猛者たちも登場する物語である。さらに「シーズン70本」は可能か。大打者の勝負強さと特徴を分析したたくさんのエピソードが楽しめる。

朝日新書

宮本式・ワールドカップ観戦術
サッカー世界地図の読み解き方

宮本恒靖

元サッカー日本代表主将・宮本恒靖が、サッカーW杯をより楽しく、詳しく観戦するために必要なプロならではの知識を伝授。自身の代表時代の逸話から、現日本代表や世界の強豪国を的確に戦術分析し、わかりやすく解説。あなたのW杯観戦力が確実に向上します。

慶應幼稚舎と慶應横浜初等部

石井 至

天下無敵のお受験の最高峰・慶應幼稚舎。新たに開校したばかりで、まだほとんど情報がない慶應横浜初等部。2校はどう違い、どんな子供が受かるのか、そしてその知られざる実態は? お受験界のカリスマが語る、セレブ名門校の真実。合格の秘訣も満載!

お金と個人情報を守れ!
ネット護身術入門

守屋英一

SNS、スマートフォン、ネット銀行、ICカード、クラウド——情報技術は現代の生活に不可欠だが、個人情報漏洩やストーカー、窃盗、殺人の温床でもある。財産や生命を守り、情報化社会を安全に生きる方法を、セキュリティーのプロが初公開する。

鉄道でゆく凸凹《でこぼこ》地形の旅

今尾恵介

都内・観光地の有名路線を中心に、困難な凸凹地形を電車がどのように走っているのかを、徹底的に検証。さらに豊富な地図を見ながら、日本全国の急勾配や急カーブを楽しめるポイントを伝授していく。普段何気なく乗っている電車の見方が180度変わる一冊。

ソーシャルメディアの何が気持ち悪いのか　香山リカ

ツイッター、フェイスブック、LINE……。今やSNSは生活に深く浸透しているが、それに息苦しさを感じている人も多い。ネット上でのつながり・賞賛やその反対の悪意・炎上。SNSへの違和感の正体と、SNSが変えつつある人間と社会に鋭く迫る。

無業社会
働くことができない若者たちの未来
工藤　啓
西田亮介

15～39歳で学校に通わず、仕事もしていない「若年無業者」。日本に483万人とも推計され、メディアで「怠惰な若者たち」と報じられる彼らの実態と未来、対策を、若年無業者2000人以上からのリアルなデータに基づき、気鋭のNPO経営者と社会学者が解く。

人生を正しく享受するために
新〈人生論ノート〉
海老坂　武

私たちの人生は細々とした無数の選択と排除からなっている――。文学や哲学に精通するサルトル研究の第一人者が、幅広い分野の名作から「いい言葉」を取り上げ、人生について考える。テーマは、選択、孤独、好奇心、恋愛、嫉妬、演技、快楽、裏切りなど約20題。

ディベートが苦手、だから日本人はすごい　榎本博明

相手の立場を察して論破しない。この日本的コミュニケーションが、今のグローバル化時代にこそ価値を増す！「自己主張」が欧米と異なる理由、対決しない心を作る日本語の構造など、心理学博士の著者がさまざまな事例を挙げて、世界に誇るべき日本精神の美点を解明する。